El cerebro, el teatro del mundo

Últimos títulos publicados en esta colección:

b. hooks, *Respondona*
T. Phillips, *Verdad*
J. Pereyra, *Guía para sobrevivir en el espacio*
J. McFadden, *La vida es simple*
P. Bren, *El hotel Barbizon*
E. Fromm, *La atracción de la vida*
J. Galef, *La mentalidad del explorador*
R. Salecl, *Pasión por la ignorancia*
T. Aivelo, *Parásitos sin fin*
H. Gardner, *Una mente sintética*
G. Parisi, *En un vuelo de estorninos*
V. E. Frankl, *En el principio era el sentido*
S. Žižek, *Hegel y el cerebro conectado*
J. Sellars, *Estoicismo*
D. García Bello, *La química de lo bello*
b. hooks, *Comunión*
R. Dunbar, *Amigos*
N. deGrasse Tyson, *Mensajero de las estrellas*
I. Gaspari, *Pequeño manual filosófico para personas emotivas*
S. Black, *Todo lo que queda*
M. Schwartz, *La sabiduría del viejo profesor*
H. Sauer, *La invención del bien y del mal*
J. Baggini, *El Evangelio sin Dios*
Confucio, *Los cuatro libros*
T. Papakostas, *Cómo meter toda la Antigua Grecia en un ascensor*
A. Rutherford y H. Fry, *La guía completa de absolutamente todo*
N. Krishnan, *Una aventura terriblemente seria*
U. Özkırımlı, *Cancelados*
L. Shinner, *La invención del arte*
N. N. Taleb, *Antifrágil*
B. Delaney, *Cómo dejar de preocuparte*
M. Gawdat, *La inteligencia que asusta*
M. Wittig, *El pensamiento heterosexual*
J. Eichler, *El eco del tiempo*
S. Žižek, *El plus de goce*
S. Zweig, *Correspondencia*
M. Onfray, *Ánima*
J. Martín-Fernández, *Dime qué sientes*
R. Peckham, *Miedo*
N. N. Taleb, *El cisne negro*
S. Nachmanovitch, *Free Play*
N. deGrasse Tyson, *Cartas de un astrofísico*
S. Ghose, *Su espacio, su tiempo*
O. Laing, *El viaje a Echo Spring*
R. Yuste, *El cerebro, el teatro del mundo*

Rafael Yuste

El cerebro, el teatro del mundo

Descubre cómo funciona y cómo crea nuestra realidad

PAIDÓS Contextos

1.ª edición, septiembre de 2024

Paidós es un sello editorial de Editorial Planeta, S. A.
Avda. Diagonal, 662-664
08034 Barcelona, España
www.paidos.com
www.planetadelibros.com

ISBN: 978-84-493-4283-7
Fotocomposición: Realización Planeta
Depósito legal: B. 9.538-2024
Impresión y encuadernación en Huertas Industrias Gráficas, S. A.

Impreso en España – *Printed in Spain*

PEFC Certificado
Este libro procede de bosques gestionados de forma sostenible
PEFC
PEFC/14-38-00305 www.pefc.es

A los de casa, a quienes debo todo

Las cosas que vemos no son de por sí como las vemos... El cómo son los objetos en sí mismos, independientemente de la receptividad de nuestros sentidos, nos es completamente desconocido. Solo conocemos nuestra forma de percibirlos.

IMMANUEL KANT, *Crítica de la razón pura*

Sumario

Introducción

El objetivo de este libro es aventurar una hipótesis que pueda explicar el misterio del cerebro: cómo surge la mente humana a partir de la actividad neuronal. Esta hipótesis es una teoría que, haciendo un guiño a Pedro Calderón de la Barca, denomino «el teatro del mundo», y que propone que el cerebro genera un modelo del mundo en nuestra mente, que es la realidad en la que vivimos o, más bien, en la que creemos que vivimos; además, utilizamos este modelo para calcular lo que va a ocurrir en el futuro y, con ello, diseñar y escoger comportamientos adecuados a nuestro entorno. Desarrollaré la hipótesis poco a poco, revelando las investigaciones que se están realizando en la frontera de la neurociencia moderna y explicando cómo los últimos resultados neurocientíficos parecen confirmarla. Cubriremos mucho terreno: empezaremos hablando de la estructura anatómica del cerebro, de cómo se desarrolla en el embrión y cómo surgió en la evolución. También examinaremos cómo funcionan las neuronas y cómo se forman, creando redes neuronales. Después haremos un viaje por las distintas partes del cerebro, desde los órganos sensoriales que reciben información del mundo a las partes motoras que dictan nuestros movimientos y nuestro comportamiento. Hablaremos también de lo más complicado: las facultades cognitivas del cerebro, incluyendo las emociones, los recuerdos, los pensamientos y la conciencia. Veremos cómo esta hipótesis que propongo, ese teatro mental del mundo, supera los problemas que tenían otras teorías del cerebro y cómo explica bastante bien lo que hacen las distintas partes del cerebro. Después de todo un recorrido por nuestro cerebro y cómo genera este modelo del mundo, al final del libro extrapolaremos cómo este entendimiento del cerebro va a tener un papel fundamental en la humanidad, con repercusiones enormes en nuestra cultura y sociedad.

Como ensayo, este no es un libro de texto ni un tratado de neurociencia. Esto significa que el argumento del libro es, sin duda, una especulación, basada en datos científicos, pero todavía no es más que teoría. Explicaré y detallaré cómo encaja esta teoría con lo que sabemos del cerebro, y exploraré sus consecuencias, pero también dejaré claro que nos queda mucho camino por andar para poder demostrarla de una manera sólida y fiable. No sería buen científico si asumiera cosas que no han sido corroboradas minuciosamente en nuestro ámbito, pero estamos en ello, empezando por mi propio laboratorio, donde llevamos ya casi tres décadas estudiando el cerebro de ratones con métodos ópticos. Por eso, pido a los lectores que se tomen el libro como una opinión meramente personal. Hay muchos otros libros que resumen de una manera más detallada el estado de la neurociencia actual; de hecho, yo mismo he escrito un libro de texto, titulado *Dieciocho lecciones de neurociencia,* que recoge mis clases de neurociencia a los estudiantes de la Universidad de Columbia, en Nueva York, donde soy profesor. A los lectores que quieran profundizar más en neurociencia, les recomiendo que lo lean.

En realidad, justo cuando acabé aquel libro, surgió este, como una versión más accesible, escrito ahora para todos los públicos, explicando lo que, en mi opinión, es la idea central de la neurociencia moderna. Escribí este libro gracias a los ánimos que me dio mi editora, Elisabet Navarro, pues con grandes dosis de persuasión me convenció de que tenía que escribir otro libro para el público general y para la sociedad española. Después de haber trabajado varios años para acabar el libro de texto, esto era lo último que quería oír, pero Elisabet tenía razón. Así que me puse a ello y, casi del tirón, escribí este libro que tenéis en vuestras manos, en el otoño del

2023, durante los fines de semana, en una cabaña que tenemos en el bosque, al norte de Nueva York. Allí, aislado y lejos del mundanal ruido, encontré la tranquilidad necesaria para su redacción. También quiero dejar constancia de que los dibujos han sido realizados por mí mismo, en un iPad, aunque también he incluido algunos esbozos muy logrados de mi antigua estudiante, Polina Porotsky, simplemente con la idea de ilustrar de una manera sencilla los conceptos analizados.

En la vida no escogemos quiénes somos ni dónde nacemos, si somos altos o bajos, guapos o feos, ricos o pobres. La vida nos reparte unas cartas determinadas. Creo sinceramente que he tenido suerte en el reparto: nací y me crie en Madrid, en el barrio de Argüelles, del distrito de Chamberí, en una familia de padres profesionales que siempre me apoyaron. Asistí a un muy buen colegio en mi barrio, el Decroly, donde tuve magníficos profesores. Estudié después en mi admirado Instituto Ramiro de Maeztu, también con profesores excepcionales, y me formé profesionalmente como médico en la Facultad de Medicina de la Universidad Autónoma de Madrid y en el Hospital de la Fundación Jiménez Díaz, dos instituciones sobresalientes en la medicina española. Al acabar la carrera, salí de España, y llevo ya más de treinta y siete años buscándome la vida fuera y desarrollando mi trabajo en Estados Unidos, país que me acogió con los brazos abiertos. Pero todo lo que he hecho en mi carrera se lo debo a la sociedad que me crio y educó, y soy muy consciente de que he recibido los beneficios de algunas de las mejores instituciones de España. Soy un producto de esa sociedad española, y por ello tengo el deber de devolver a esa sociedad lo que invirtió en mí y me hizo ser quien soy. Los que hemos tenido buenas cartas en la vida tenemos la obligación de devolver a la sociedad lo que hemos recibido porque no escoges donde naces.

Esta es la razón principal por la que he escrito el libro: quiero contar a la gente de mi país y en mi lengua materna lo que he aprendido sobre el cerebro, y por qué es algo importante que tiene que conocer. Quiero compartir lo que sé con mi gente, y contarlo de una manera que pueda ser entendida por todos. Por esta razón, dedico el libro al pueblo y la sociedad españoles, como un gesto de agradecimiento de alguien que salió de ese entorno y recibió en su vida el apoyo para crecer; alguien que nunca olvidó de donde vino.

Capítulo 1

De la doctrina neuronal a las redes

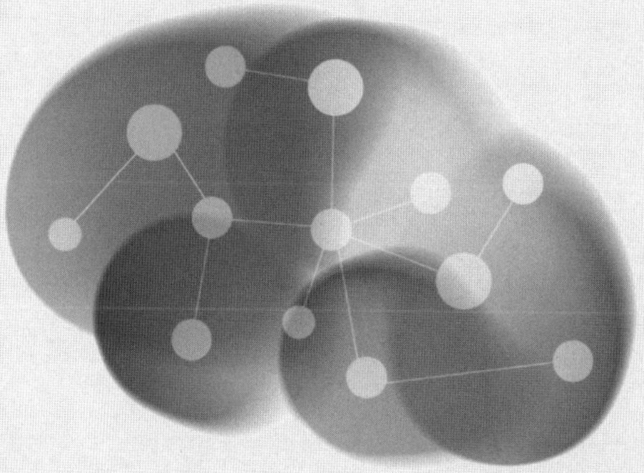

Voy a contar una historia sobre lo más importante del mundo: nuestro cerebro. Una masa de materia que tenemos en la cabeza y que está compuesta de casi cien mil millones de neuronas, conectadas en una maraña indescifrable. Sinceramente, creo que el cerebro es el fragmento más fascinante del universo. ¿Por qué digo esto? Porque, de esta sopa de neuronas y espaguetis de conexiones surge, de una manera todavía misteriosa, pero que ya empezamos a entrever: la mente humana. Todas las actividades mentales y cognitivas de los seres humanos, incluyendo nuestros pensamientos, nuestra personalidad, nuestra conciencia, nuestras percepciones, recuerdos, emociones, comportamiento, todo lo que hemos sido, lo que somos y lo que seremos, salen del cerebro. Y no hay magia, de la actividad neuronal surge la mente humana; no aparece del éter o del aire, sino del cerebro. Esto es algo que ya sabían los médicos desde tiempos de los egipcios, que astutamente se dieron cuenta de que, cuando había daño en el cerebro, también había repercusiones en las actividades motoras y cognitivas. Desde entonces y hasta hoy en día, médicos y científicos hemos comprobado sin ningún atisbo de duda que el sustrato biológico de la mente es el cerebro. De hecho, lo hemos descubierto no solamente estudiando casos clínicos de pacientes humanos, sino también haciendo experimentos con animales de laboratorio. Resulta que la naturaleza funciona de una manera coherente y sistemática, y la biología de los seres humanos es idéntica a la biología de otras especies. Somos animales bilaterianos, es decir, con simetría bilateral; vertebrados, con columna vertebral; pertenecemos a la clase de los mamíferos, con glándulas mamarias y pelo, y, dentro de los mamíferos, a los primates, es decir, a los monos arborícolas. Tenemos un cerebro más grade de lo normal, pero, a la hora de la verdad, somos un animal más. Por eso, si estudiamos y entendemos los cerebros de otros animales, esencialmente los entendemos todos, incluido el nuestro.

Antes de entrar en materia, tenemos que detenernos un momento para explicar de qué estamos hablando exactamente. ¿Qué es el cerebro? Lo que normalmente entendemos como cerebro es una parte del sistema nervioso central, un órgano del cuerpo compuesto de neuronas y células gliales, protegido por estructuras óseas. El sistema nervioso central se compone del cerebro propiamente dicho y de la médula espinal. El cerebro se encuentra dentro del cráneo, mientras que la médula se encuentra dentro de la columna vertebral. Además del sistema nervioso central, tenemos también otro sistema nervioso, el periférico, distribuido por todo el cuerpo y compuesto de ganglios y nervios, recubriendo el cuerpo y también el aparato digestivo.

Vamos a dar un repaso a estos dos sistemas nerviosos, visitando un poco, a vista de pájaro, todas sus partes.

EL CEREBRO

Empezaremos por la parte más importante: el cerebro, el centro de operaciones del sistema nervioso central. En realidad, lo que llamamos cerebro forma técnicamente parte del encéfalo, el órgano más grande del sistema nervioso central de los mamíferos, que se localiza en la parte superior, dentro del cráneo, incluyendo también el tronco del encéfalo y el cerebelo. El encéfalo está recubierto de una corteza que llamamos, precisamente, corteza cerebral, aunque en latín es *cortex*. Va a ser la parte del cerebro protagonista de este libro, porque ahí parece que está ocurriendo todo lo que nos interesa: la generación de la actividad mental. La corteza es, en realidad, una capa muy fina, tiene cerca de dos milímetros de grosor, recubre todo el encéfalo y está doblada y arrugada, como si la naturaleza la hubiera metido a presión dentro del cráneo. Y hay algo de verdad en ello, pues resulta que la corteza cerebral de los seres humanos es enorme, por eso está doblada en una serie de surcos y circunvoluciones, para que quepa bien en el cráneo. Si la estirásemos y extendiéramos, tendría el tamaño aproximado de una servilleta bastante grande, de esas que se ponen en los restaurantes caros. En otros animales no está arrugada, lo que nos da una pista de que, en la evolución del ser humano, la corteza ha crecido de una manera desmesurada. Pero ¿por qué, en vez de arrugar la corteza, la naturaleza no nos dotó de cabezas más grades? Es posible que los humanos no tengamos una cabeza más grande porque no sería posible que naciéramos a través del canal pélvico de las mujeres. Si lo pensamos bien, es sorprendente que, en la especie humana, antes de que se desarrollase la medicina, era muy normal que las mujeres y los fetos murieran durante el parto o tuvieran grandes problemas colaterales. El hecho de que el parto sea tan traumático y difícil es una barbaridad desde el punto de vista de la evolución, que está interesada precisamente en la supervivencia de la especie. ¡Vaya chapuza! Es un mal diseño. Si alguna vez habéis presenciado un parto, sabréis de lo que estoy hablando: es algo bastante traumático. De hecho, durante el nacimiento, los huesos del cráneo están solapados para que la cabeza pueda pasar por el canal pélvico y, justo después de nacer, el cráneo se abre como si fuese una flor, para ir solidificándose después del nacimiento. Esto indica la importancia de la corteza para nuestra especie, pues la evolución ha maximizado el tamaño de nuestra cabeza hasta el límite de lo posible, incluso hasta el punto de poner en riesgo al recién nacido y su madre.

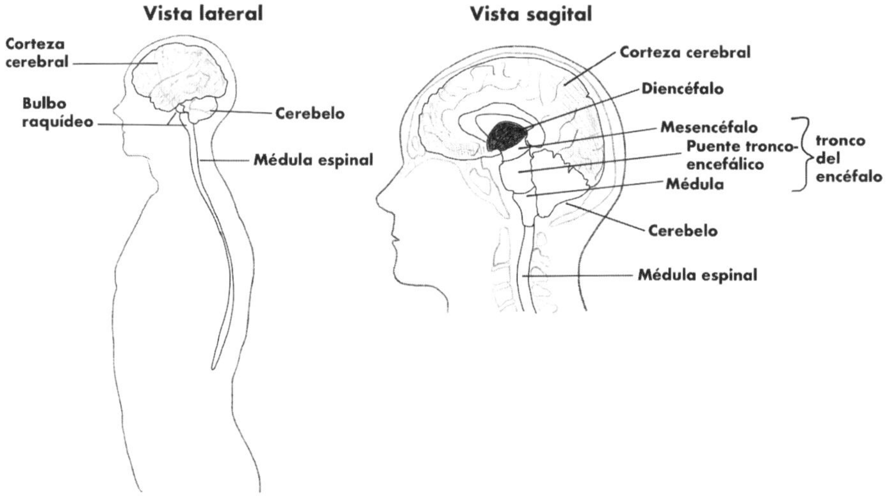

Figura 1.1. El sistema nervioso central se compone del cerebro, con muchas subdivisiones anatómicas, y la médula espinal.

Entonces, los humanos somos animales corticales por excelencia. Esto arroja algo de luz sobre la corteza cerebral, pues, si pudiéramos entender cómo funciona la corteza, entenderíamos al ser humano por dentro, sabríamos qué es lo que nos hace humanos y nos distingue de otros animales. Pero ¿qué hace la corteza? Pues en esto llevamos trabajando muchos de nuestros colegas y nosotros mismos desde hace más de cien años, una red de científicos que se extiende por el espacio y el tiempo. Una avanzadilla: es posible que la corteza sea la computadora biológica capaz de solucionar cualquier problema que sea matemáticamente solucionable; igual que una máquina de Turing, pero construida con materiales biológicos. Lo veremos en detalle más adelante.

Debajo de la corteza, todavía en el encéfalo, tenemos los ganglios basales, una estructura bastante complicada formada por muchos núcleos conectados entre sí, de tal forma que los estudiantes de Medicina que tienen que memorizarla se echan a temblar. Tampoco tenemos muy claro qué es lo que hacen los ganglios basales, pero parece que están involucrados en la selección de comportamientos motores. Reciben muchas conexiones de las partes de la corteza que deciden y controlan los movimientos que hacemos, y mandan su información de vuelta a la corteza. La hipótesis es que sirven para escoger ese comportamiento ideal, mientras inhiben todos los demás. Si lo pensamos bien, generar un comportamiento y solo uno es un problema fundamental que el cerebro tiene que resolver. Imaginemos que nuestro cuerpo intentara hacer dos o tres cosas a la vez. Seríamos un desastre evolutivamente. Si viene un león, hay que correr, no es tiempo de empezar a rascarnos la oreja: hay que poner en marcha las piernas a toda velocidad, mientras silenciamos todos los demás comportamientos que pensábamos hacer.

Dentro del encéfalo tenemos también el tálamo, que se encuentra debajo de la corteza y está conectado de una manera bidireccional con ella. Recibe información de los órganos sensoriales y la manda a la corteza, y esta a su vez le manda información de vuelta. Pero, por cada conexión que el tálamo manda hacia la corteza, recibe diez de vuelta. Por eso mucha gente piensa que el tálamo, en realidad, es parte de la corteza. Es como si fuese la garita de guardia que tiene la corteza para controlar la información que recibe. Desde ese punto de vista, el tálamo estaría íntimamente ligado a la atención, posiblemente también a la conciencia. De hecho, si un paciente tiene una lesión talámica, normalmente se queda inconsciente. El tálamo también se activa de manera muy especial durante el sueño. Es un núcleo fascinante.

Debajo del tálamo tenemos el hipotálamo, como su propio nombre indica. El hipotálamo es como la estación central de todas las emociones. Está conectado con la parte de la corteza que procesa información sensorial y digiere esa información para secretar péptidos y hormonas. Estos activan todo un programa fisiológico sofisticado que involucra gran parte del cuerpo para organizar, entre otras cosas, la respuesta a situaciones emocionales importantes para el animal. El hipotálamo también está conectado con las partes de la corteza que tienen influencia en la memoria, ya que el contenido emocional es muy importante a la hora de recordar las cosas.

Si seguimos bajando por el cerebro, nos salimos del encéfalo y llegamos a la zona del tronco del encéfalo, parecido al tronco de un árbol, pues las demás partes del encéfalo serían las ramas y la copa. En el tronco del encéfalo encontramos un montón de núcleos, que tienen que ver en general con la actividad basal y rutinaria imprescindible para mantenernos vivos. Por ejemplo, controlar la respiración, el sistema cardiovascular, los latidos del corazón y el flujo cardíaco, reflejos fundamentales del cuerpo y de la cabeza, etcétera. Por eso, si se daña el tronco del encéfalo, fallecemos. De hecho, esa es precisamente la parte del sistema nervioso que intentan seccionar los toreros con su espada.

Detrás, justo en el tronco del encéfalo, está el cerebelo, 'pequeño cerebro' en latín. Quizá sea más pequeño que el cerebro, pero, si se extendiese, sería enorme. El cerebelo tiene también una corteza (la corteza cerebelar), igual que el cerebro, que también está arrugada en el caso de los humanos y de muchas otras especies. Tampoco sabemos muy bien para qué sirve, pero parece que el cerebelo está involucrado en el aprendizaje y la regulación del comportamiento motor. Si el cerebelo se daña, bien por un accidente de tráfico, por un tumor o a veces por ingestión exagerada de alcohol, se pierde la capacidad de realizar comportamientos motores finos, como tocar el piano; también se pueden sufrir alteraciones del equilibrio o graves problemas de aprendizaje de nuevos comportamientos.

LA MÉDULA ESPINAL

Si seguimos bajando por el sistema nervioso central, saliendo del encéfalo y su tronco, llegamos por fin a la médula espinal. Es la parte del sistema nervioso central que se encarga de los músculos

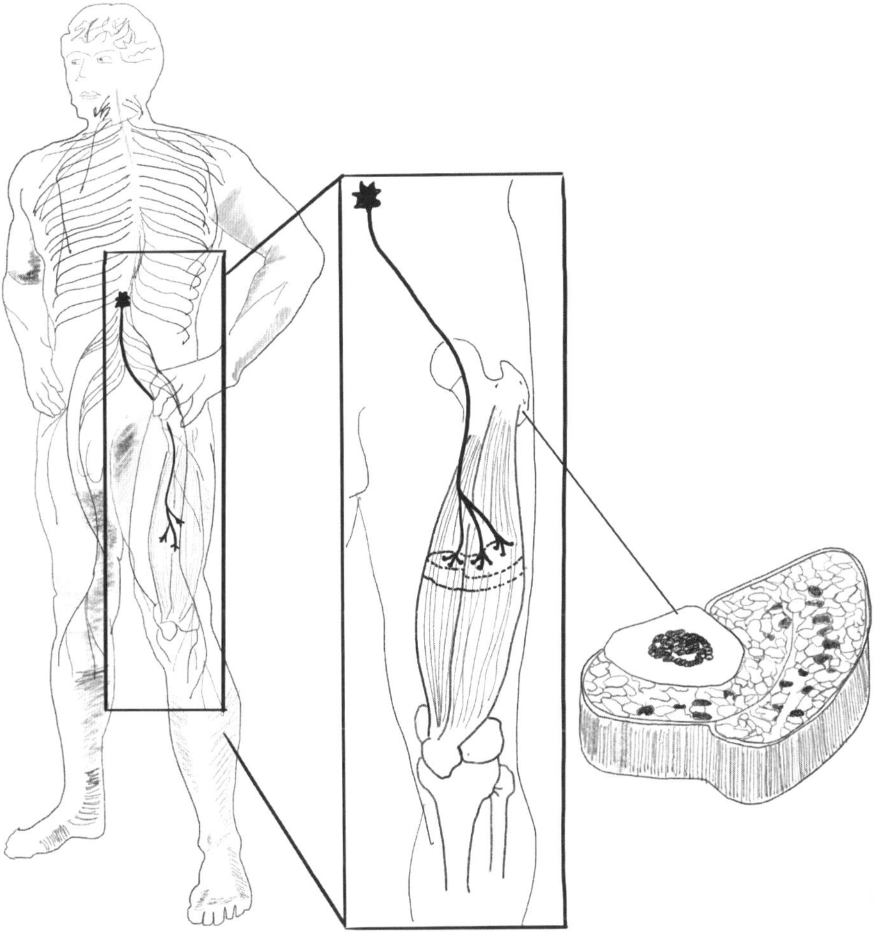

Figura 1.2. La médula recibe instrucciones del cerebro y sus neuronas (dibujadas en negro) controlan la musculatura esquelética, que mueve el cuerpo.

y de la piel. Recibe información del exterior a través del tacto, pero también estímulos dañinos, y monitoriza de una manera muy precisa el estado, la posición y la tensión de todos los músculos, tendones, huesos y articulaciones del cuerpo. Toda esa información que recibe la médula espinal se combina con las instrucciones que llegan desde arriba, desde el cerebro, para la realización de comportamientos y de movimientos concretos. Todo esto se combina en una serie de reflejos, es decir, un movimiento automático que ocurre en respuesta a un estímulo sensorial determinado; por ejemplo, cuando giramos la cabeza si oímos un ruido o retiramos la mano si nos quemamos. De hecho, la médula espinal es como una tabla de reflejos, una especie de listín telefónico donde ciertos *inputs* tienen como resultado determinados movimientos reflejos.

LA TABLA DE REFLEJOS

Desde los tiempos de los egipcios, pasando por los griegos, distintas civilizaciones y culturas han intentado explicar para qué sirve el cerebro. En el Renacimiento, con la incorporación de la ciencia moderna, comienza también la especulación sobre cómo funciona internamente. A pesar del trabajo de generaciones de científicos, es justo decir que todavía no hay una teoría aceptada por todo el mundo de qué es exactamente lo que hace el cerebro y cómo lo hace. Este es el objetivo del presente libro. Nuestra argumentación arranca con los inicios de la historia de la ciencia, y se construye sobre el trabajo y las teorías de las generaciones anteriores de científicos.

Quizá la teoría más influyente en el siglo de investigaciones que llevamos en neurociencia sobre el cerebro es la idea de que el cerebro es una tabla de reflejos, con entrada y salida de información de manera automática y prescrita. Este modelo se ha utilizado para

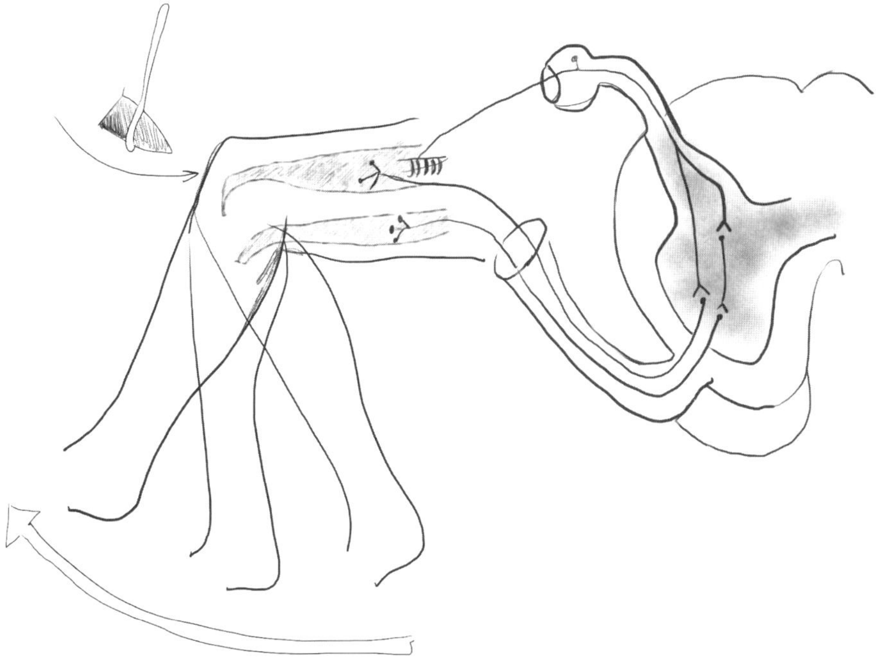

Figura 1.3. El reflejo rotuliano es un ejemplo de movimiento automático que se genera en la médula de una manera involuntaria, como por ejemplo, el levantar la pierna si te golpean la rótula.

explicar cómo funciona el sistema nervioso desde hace más de cien años. Lo propuso Charles Sherrington, el científico inglés que fundó la electrofisiología y que, por cierto, fue un antepasado científico mío, ya que soy discípulo de su tataranieto Torsten Wiesel, científicamente hablando. Sherrington fue quien descubrió cómo funciona el reflejo rotular de la rodilla, que igual hemos experimentado alguna vez en una consulta médica. Si estamos sentados y relajados, con las piernas cruzadas, al golpear con un martillito justo por debajo de la rótula, el hueso de la rodilla, la pierna se estira de manera automática, refleja, dando un brinco. Esto ocurre porque el golpe debajo de la rótula activa neuronas sensoriales que conectan con neuronas motoras en la médula, que a su vez contraen los músculos que estiran la pierna. Una simple cadena de neuronas activándose entre sí explica este reflejo. Pues bien, esta idea tan simple, que las neuronas forman arcos reflejos, resulta que tiene una importancia fundamental en la historia de la neurociencia, porque revela que el cerebro puede ser una máquina, con partes y resortes que se activan unos a otros, como un mecanismo de relojería. Sherrington recibió el Premio Nobel por sus investigaciones en 1932.

LA DOCTRINA NEURONAL

Las ideas de Sherrington tenían mucho que ver con lo que estaba haciendo Santiago Ramón y Cajal, que era su contemporáneo y llevaba décadas estudiando la estructura del sistema nervioso con tinciones histológicas, es decir, utilizando colorantes para teñir neuronas en cortes finos de cerebros de animales muertos. Cajal propuso la teoría neuronal, que afirma que la unidad estructural del sistema nervioso la conforman las neuronas individuales. En otras palabras, que el cerebro está compuesto de neuronas individuales, conectadas entre sí. Esta idea le valió a Cajal el Premio Nobel en 1906. Cajal estaba tan convencido de esta teoría que la denominó «doctrina neuronal», algo en lo que hay que creer casi de forma religiosa. El mismo Sherrington amplió esta misma idea desde la anatomía a la fisiología, desde la estructura a la función, y propuso que la unidad funcional del sistema nervioso era también la neurona individual: es decir, cada neurona tiene una identidad individual, con una forma específica, que hace un trabajo concreto y tiene una función independiente.

Sherrington y Ramón y Cajal tenían mucho en común. Los dos proponían la misma idea, que la neurona es la unidad del cerebro, y a los dos les dieron el Premio Nobel por ello. Además, los dos

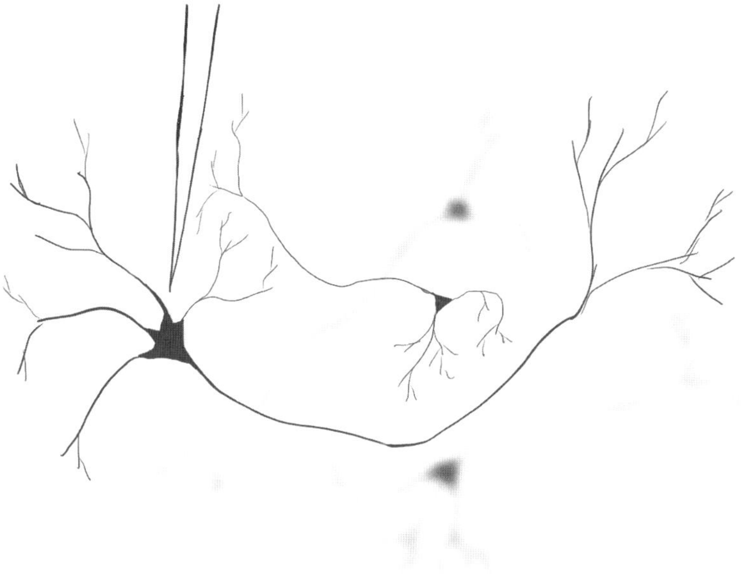

Figura 1.4. La teoría neuronal se basó en métodos tanto con tinciones como electrodos que estudiaban las neuronas de una en una.

eran científicos a quienes les encantaba desarrollar nuevos métodos. Cajal estaba todo el día cacharreando en su laboratorio y, aunque no descubrió el método de Golgi, su truco favorito para teñir neuronas, lo perfeccionó de manera que ha sido utilizado hasta hace relativamente bien poco como el método más importante de neuroanatomía. Confieso que alguna vez yo he hecho también mis pinitos con el método de Golgi, pero mis tinciones no me salían ni de lejos como las de Ramón y Cajal. A Sherrington también le gustaba hacer sus chapucillas con electrónica: inventó el electrodo de tungsteno, con el cual pudo registrar por primera vez la actividad de las neuronas. Tanto Cajal como Sherrington desarrollaron métodos que permitieron estudiar, por primera vez, las neuronas individuales, de manera estructural y funcional. Ramón y Cajal, con tinciones histológicas Golgi, pudo ver mejor que nadie las neuronas, de una en una, con gran nitidez, y Sherrington, con sus electrodos, pudo, por primera vez, registrar la actividad de neuronas individuales. Sin duda, los métodos que utilizaban justifican las ideas que defendían, pues, si uno se pasa la vida estudiando el cerebro con métodos que analizan neuronas individuales, es muy natural que piense que lo más importante en el cerebro son las neuronas individuales. Como siempre ocurre en ciencia, el abordaje técnico determina en gran medida el abordaje conceptual. Con este enfoque en las neuronas, Ramón y Cajal y Sherrington fundaron la neurobiología moderna, y, en los últimos cien años, prácticamente todo lo que ha ocurrido se puede considerar, en esencia, como una nota a pie de página de sus trabajos e ideas.

LA TEORÍA DE LAS REDES NEURONALES

Pero Cajal y Sherrington tenían también algo más en común. Sabían reconocer el talento de los jóvenes investigadores y tuvieron muy buenos discípulos. Los mejores discípulos son muchas veces quienes hacen precisamente lo contrario de lo que dicen sus maestros. Esto sucedió con dos de ellos. Sherrington tuvo un discípulo llamado Thomas Graham Brown, que era alpinista y abrió muchas vías famosas en los Alpes. Pero, entre escalada y escalada, hacía experimentos demoledores. Graham Brown, que no creía en absoluto que el cerebro fuera una tabla de reflejos, hizo un experimento que desmoronó de golpe todo el castillo de naipes conceptual que había construido su maestro. Utilizando gatos, aisló quirúrgicamente la médula espinal y demostró que en esas condiciones, en las cuales la médula no recibe ninguna información sensorial del exterior, las neuronas de la médula, en vez de apagarse, seguían generando actividad eléctrica como si el animal estuviese andando. Graham Brown concluyó que la médula espinal no es una tabla de reflejos que solo genera actividad cuando recibe una instrucción externa, como un aporte sensorial, sino que está activa espontáneamente, endógenamente, de una manera intrínseca, y que no depende del exterior. Para explicar cómo la médula espinal podía generar actividad sin *inputs* externos, propuso la existencia de circuitos neuronales conectados entre sí de manera recurrente, como un bucle, y los denominó «generadores centrales de patrones» de actividad neuronal. Esto le daba la vuelta a la tortilla porque, en vez de ser el cerebro una máquina de *input-output*, que está apagada hasta que le mandas un *input* y genera un comportamiento reflejo, tenemos una máquina que está siempre encendida y que, cuando recibe un *input* del exterior, cambia su funcionamiento... o no; incluso puede generar un comportamiento motor, aunque no haya ningún *input*.

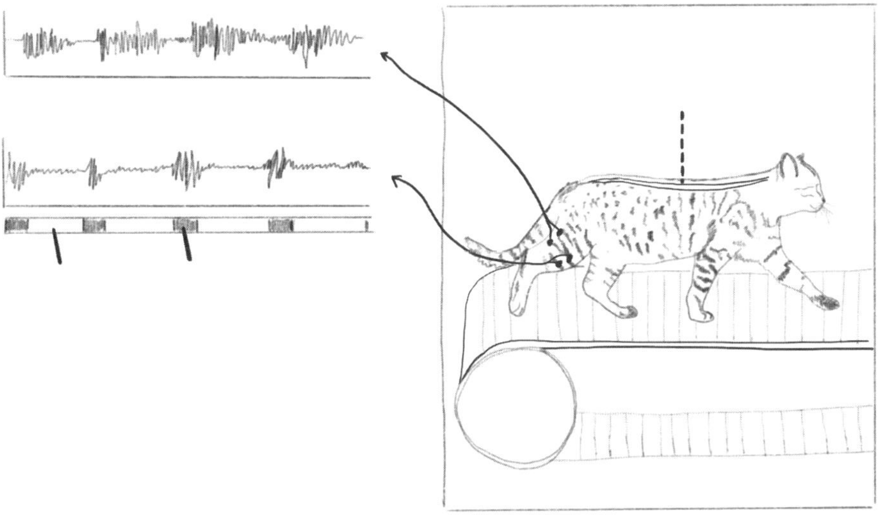

Figura 1.5. Graham Brown estudió la locomoción de los gatos, y descubrió que la médula genera actividad endógenamente.

Mientras Graham Brown ponía patas arriba el laboratorio de Sherrington en Oxford, Cajal tenía otro discípulo brillantísimo y rebelde en Madrid, Rafael Lorente de Nó. En su tesis doctoral, con apenas veinte años, publicó un artículo que invalidaba algunas de las conclusiones de Cajal sobre los tipos celulares de corteza cerebral de los mamíferos. Pero esta no fue la peor travesura que hizo Lorente a su maestro. Más tarde, después de estudiar los circuitos de la corteza cerebral y otras partes del cerebro con muchísimo detalle, propuso que la conectividad de estos circuitos solo se podría explicar si se asumía que las neuronas forman grupos funcionales, que denominó «cadenas»: las neuronas están conectadas entre sí de una manera recurrente, en bucle. Propuso que estas cadenas de neuronas conectadas entre sí funcionarían todas de golpe, como si fuese un grupo funcional.

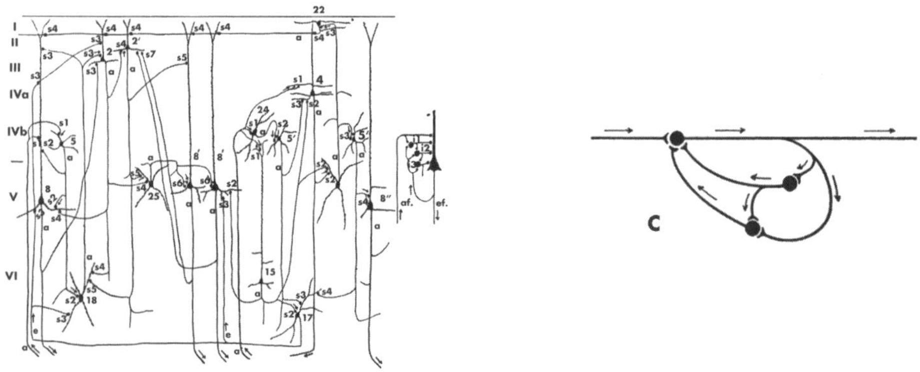

Figura 1.6. Lorente de Nó propuso la idea de que las redes de neuronas se autoestimulan con conexiones entre sí, formando bucles o conjuntos neuronales.

Estas ideas encajaron perfectamente con lo que sugería Graham Brown en Inglaterra. Las cadenas de Lorente eran la contrapartida anatómica de los generadores de patrones funcionales de Graham Brown: se trata de bucles de neuronas. En otras palabras, ambos propusieron que la unidad funcional del cerebro no era la neurona individual, sino los grupos de neuronas, llamémosles cadenas, generadores o bucles. En términos modernos, a estos grupos los denominamos redes neuronales, es decir, circuitos de neuronas conectadas entre sí, que realizan tareas en común que no pueden realizar individualmente. Es como una cuadrilla formada por trabajadores individuales, pero que conjuntamente forman una unidad. No es que el trabajador individual no importe, pero solo se entiende lo que hace dentro del grupo. Lo mismo sucede con las redes neuronales: las neuronas evidentemente importan porque, si no hay neuronas, no hay red; pero la función es algo que determina la red, no la neurona. Esta es una diferencia fundamental.

Como veremos, Graham Brown y Lorente acertaron de pleno. Sus intuiciones pueden explicar muchos de los resultados que se están obteniendo actualmente en neurociencia, casi un siglo después. Con todos mis respetos a Cajal y a Sherrington, y mi admiración por el trabajo histórico que hicieron, es posible que el enfoque en estudiar las neuronas individuales, de una en una, haya podido retrasar el avance de la neurociencia. En cambio, pensar en redes neuronales no solo ha solucionado muchos problemas pendientes de la neurociencia, sino que ha abierto la puerta a aplicaciones tecnológicas e industriales, incluyendo la inteligencia artificial.

UN CAMBIO DE RUMBO

Esta tensión entre generaciones e ideas es algo común en todas las ramas de la ciencia. En 1962, el filósofo norteamericano Thomas Kuhn propuso que el avance de la ciencia no se debe a la acumulación gradual de conocimientos, sino que se avanza en grandes saltos repentinos, que llamó revoluciones científicas, cuando de golpe se dejan atrás las ideas pasadas y se abrazan ideas y paradigmas nuevos, una manera distinta de interpretar los mismos datos y pensar sobre el problema. La ciencia es como toda la actividad humana, con contribuciones críticas de grupos de personas que batallan por imponer sus ideas. Esto es exactamente lo que está ocurriendo en neurociencia, donde estamos dejando atrás la doctrina neuronal que hemos utilizado en los últimos cien años para pasar a la teoría de redes neuronales, basada en la actividad de conjuntos de neuronas. Esta nueva teoría puede explicar todo lo que podía explicar la teoría neuronal, y también muchas otras cosas que la teoría neuronal había escondido debajo de la alfombra porque le eran incómodas; como la actividad espontánea de la médula, hallada por Graham Brown, que no se puede explicar si pensamos que el sistema nervioso es una gigantesca tabla de reflejos.

La teoría neuronal tiene también muchos otros problemas escondidos debajo la alfombra, como la falta de precisión en las respuestas a estímulos sensoriales de las neuronas individuales, y el hecho de que las conexiones entre neuronas sean muy flojas y poco fiables, resultados que no encajan bien con la idea de que las neuronas individuales son responsables de las computaciones cerebrales. Pero la existencia de actividad espontánea en el sistema nervioso es posiblemente el mayor de estos problemas, porque desbarata el edificio al generar una montaña de cosas bastante importante debajo de la alfombra, que no se puede ignorar.

En suma

En este capítulo hemos aprendido varias cosas. Por un lado, tenemos ya una idea general de qué es el cerebro, qué partes tiene y qué es lo que hacen, o, más bien, qué creemos que hacen, porque la cosa está aún por descubrir en muchos casos. También hemos aprendido a utilizar la terminología, sabemos que el cerebro es solo una parte del sistema nervioso compuesto también por otras, como la médula espinal, y que está incluido en el sistema nervioso central; asimismo, que hay un sistema nervioso periférico, del que hablaremos más adelante. Pero quizá lo más importante que hemos aprendido en este primer capítulo es la idea de la teoría neuronal o doctrina neuronal, de donde ha salido toda la neurociencia moderna, y que resulta que puede estar equivocada, pues hay otra teoría de redes neuronales según la cual las unidades del cerebro son conjuntos neuronales. La piedra en el camino de la teoría neuronal es la actividad espontánea, y es una piedra bastante gorda, porque todas las partes del sistema nervioso de todos los animales tienen actividad neuronal espontánea. Pero todavía no sabemos muy bien para qué sirve toda esta actividad endógena del cerebro. Posiblemente este sea el quid de la cuestión: que el sistema nervioso podría haber sido diseñado por la naturaleza para la generación de esta actividad espontánea, que puede ser utilizada por el animal para hacer algo. Pero ¿para hacer qué exactamente? Esto tiene que ver con el título del libro, *El teatro del mundo,* que exploraremos en el próximo capítulo. Es una hipótesis que desarrollaremos a continuación, y que se dirige al centro de la cuestión: ¿cuál es la función del cerebro?

Capítulo 2

De las redes neuronales al teatro del mundo

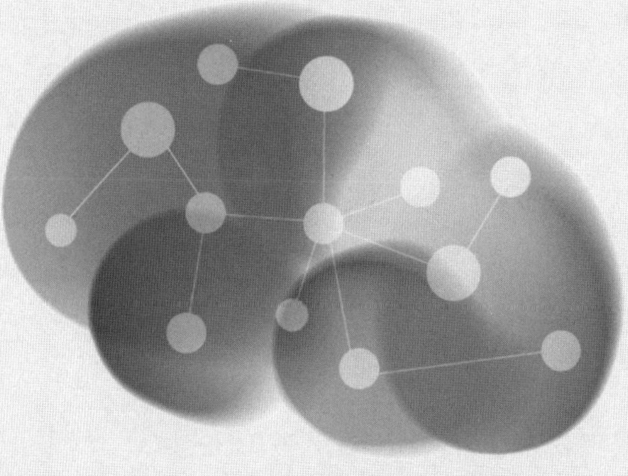

En el capítulo anterior hablamos de dos teorías que compiten por explicar cómo funciona el cerebro: la teoría neuronal, según la cual la unidad funcional y estructural del sistema nervioso son las neuronas individuales, y la teoría de las redes neuronales, que propone los grupos de neuronas como los ladrillos del edificio de la actividad cerebral. Esto es como una pelea por la esencia del cerebro. ¿Quién tiene razón? Para entender las cosas, muchas veces es bueno estudiar su historia, de dónde salen. Theodosius Dobzhansky, un antiguo profesor de mi propio Departamento de Ciencias Biológicas de la Universidad de Columbia, en Nueva York, dijo que nada tiene sentido en biología si no se mira desde la luz de la evolución. Pues, para dirimir este debate por el alma del cerebro, vamos a dar un repaso a la evolución del sistema nervioso, a ver si esto nos proporciona alguna pista.

LA EVOLUCIÓN DEL SISTEMA NERVIOSO

Entonces, ¿cómo apareció el sistema nervioso? Parece que las primeras neuronas surgen en la Tierra durante el periodo Ediacárico, una época en que la vida multicelular se organizaba en formas cada vez más complejas en los océanos. Esto ocurrió hace unos seiscientos millones de años. Por razones desconocidas, que igual tienen que ver con grandes cambios climáticos o planetarios, los primeros animales multicelulares crecieron de tamaño, empezaron a tener estructuras nuevas, más sofisticadas y, muy posiblemente, comenzaron a comerse unos a otros. Si el motor que empuja la evolución a crear nuevas formas de vida es la batalla por la supervivencia, una hipótesis que se baraja actualmente es que algunos animales descubrieron que podían ingerir a otros y así aumentar sus dosis de calorías para sobrevivir de una manera más eficaz. No sabemos con certeza lo que ocurrió, pero sí sabemos que más o menos en aquella época aparecieron animales que empezaban a tener neuronas. Surgieron los primeros sistemas nerviosos. Aunque no hay registro fósil, la secuenciación del genoma de muchas especies existentes y el modelaje computacional nos permiten extrapolar y reconstruir lo que ocurrió en aquella época inicial del árbol de la vida. Parece que en aquel periodo aparecieron tres tipos de animales con neuronas: los ctenóforos, los cnidarios y los bilaterianos. Es posible que los ctenóforos se desarrollaran primero; sus descendientes son las medusas peine, tan bonitas, que pueden verse en acuarios y documentales, con olas de luz fluorescente en su superficie. Después aparecieron los cnidarios, que, cuando yo iba a la escuela, se llamaban celenterados. Sus descendientes actuales son las medusas, los corales, las anémonas de mar y las hidras. Los cnidarios son animales que tienen un cuerpo con simetría radial y están armados hasta los dientes de pequeños arpones, que disparan a velocidades supersónicas para inyectar toxinas en sus presas, paralizarlas y después comérselas. Por eso las medusas pican. Todos los cnidarios tienen estas células picadoras, que se llaman cnidocitos, de ahí viene su nombre. Pues bien, los cnidarios ya tenían un sistema nervioso desarrollado, con neuronas conectadas entre sí, distribuidas por todo el cuerpo. Pero todavía no tenían cerebro; muchos de ellos ni siquiera tenían ganglios nerviosos. Las neuronas estaban tamizando su cuerpo y formaban dos redes: una red por fuera y otra por dentro. Estos animales ni siquiera tenían órganos, ni cabeza. Sus células sensoriales, igual que su sistema nervioso, estaban esparcidas por todo el cuerpo.

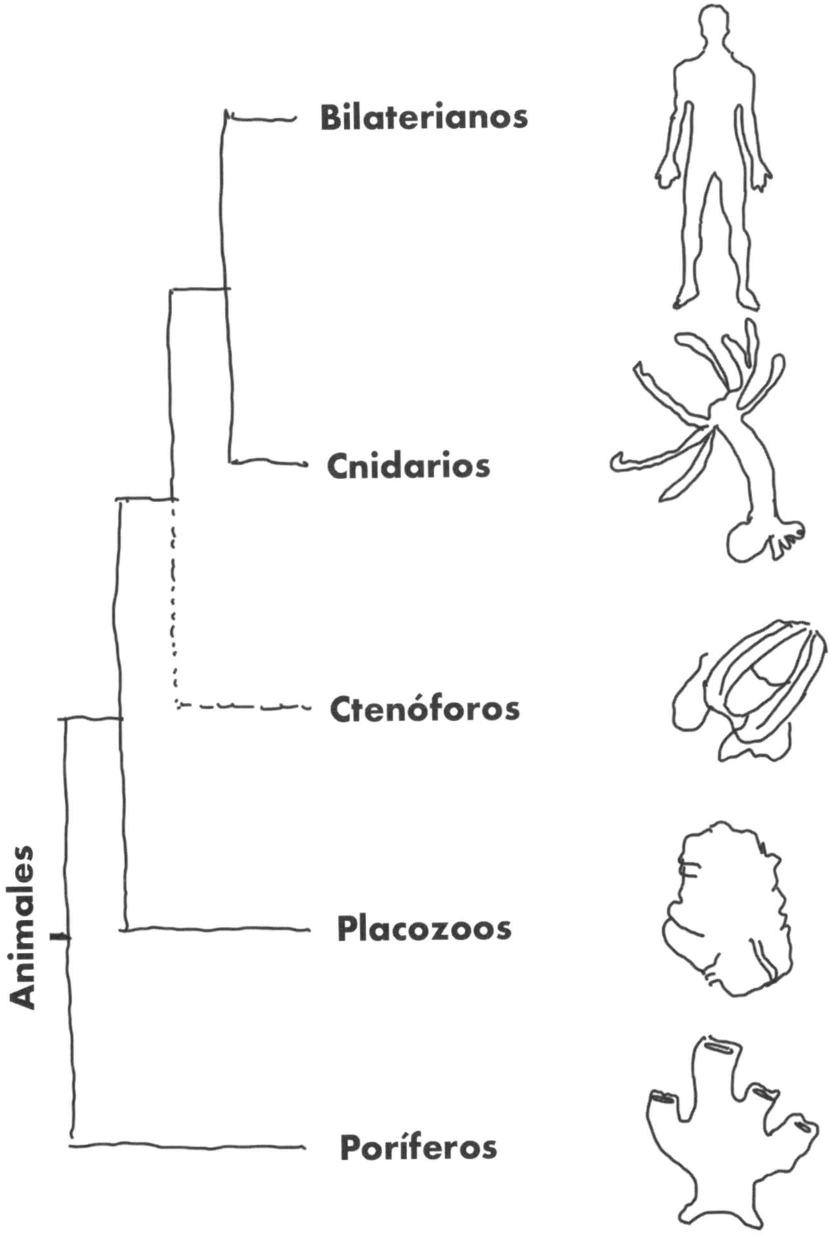

Figura 2.1. El sistema nervioso aparece en las familias más recientes (ctenóforos, cnidarios y bilaterianos) en la evolución de los animales.

Después de los cnidarios aparecimos nosotros, los bilaterianos, la gran rama del árbol de la vida que incluye desde gusanos, moscas y peces hasta los mamíferos, entre ellos los seres humanos. Somos animales que tenemos simetría bilateral, es decir, que una parte del cuerpo es un reflejo de la otra. No se sabe qué ventajas tiene la simetría bilateral frente a la simetría radial, pero es posible que tenga que ver con la locomoción —en este caso, con la natación, porque todos nuestros antepasados, los primeros bilaterianos, eran acuáticos y evolucionaron en el mar—. Además de organizar las extremidades para nadar mejor, en los bilaterianos la naturaleza inventó órganos, donde aquellas células del cuerpo que hacen las mismas funciones se agruparon y organizaron en estructuras especializadas, en vez de estar distribuidas por todas partes. Uno de estos órganos y una de estas estructuras es precisamente el sistema nervioso, en el que se acumulan las neuronas: consta de una parte central, el precursor del encéfalo, que se sitúa en la cabeza, y una parte periférica, que se distribuye en ganglios por el resto del cuerpo. Por cierto, la cabeza es otra gran invención de los bilaterianos. Sí, aunque parezca raro, los animales anteriores no tenían cabeza. En los bilaterianos, la parte delantera del cuerpo toma el control, ahí se halla no solo el cerebro, sino la mayor parte de los órganos sensoriales. Es como la cabina de mando de un avión, que evidentemente está siempre delante, para ver hacia dónde nos movemos, para ver el futuro que viene. Todos los animales bilaterianos tenemos el mismo diseño básico, con órganos especializados y un sistema nervioso con una parte central en la cabeza y otra parte periférica en el resto del cuerpo.

MOVERSE LO CAMBIA TODO

Ahora ya podemos hacernos una idea de cómo surgieron las primeras neuronas y los primeros sistemas nerviosos en estos tres troncos principales del árbol de la vida de los animales multicelulares. Pero ¿por qué surgió el sistema nervioso y por qué lo hizo precisamente entonces? Una posibilidad es que la evolución del sistema nervioso fuese de la mano de la creación de comportamientos cada vez más complejos, como la locomoción o posiblemente la depredación. Hasta entonces, los animales sin neuronas eran más pequeños y se organizaban perfectamente con señales químicas. Por ejemplo, hay unos animales anteriores a los ctenóforos en la evolución: los placozoos, que parecen como mantitas que se mueven por el fondo del mar. Estos animales no tienen neuronas, pero sí tienen células precursoras de las neuronas, que mandan señales químicas con las que pueden coordinar distintas partes del cuerpo. Como sus cuerpos son muy pequeños, estas señales químicas llegan a todas partes. Pero, en el momento en que los cuerpos crecen, necesitan un sistema de comunicación más efectivo que lleve las señales de una parte a otra rápidamente. Si no, alguien nos puede comer y no sobreviviríamos. Es cuestión de vida o muerte.

Con ese empuje evolutivo, es posible que los primeros sistemas nerviosos generasen grandes ventajas a los animales que los tuvieran, porque podían crecer y tener cuerpos mayores, también moverse más rápidamente y coordinar distintas partes del cuerpo. Esto debió de tener ventajas absolutamente fundamentales a la hora de competir por la supervivencia, gracias a las cuales salieron adelante, posiblemente comiéndose a los pobres placozoos.

Lo importante de esta transición de animales que no tienen neuronas a animales que sí las tienen es la idea de que el sistema nervioso va asociado al movimiento. Esto se ve claramente en el ciclo vital de unos bilaterianos marinos, los ascidianos (o tunicados, como las tulipas o chorros marinos). Es un experimento que ha hecho la evolución para nosotros: si queremos saber para qué sirve una cosa, la eliminamos y observamos el cambio. Los ascidianos son animales muy curiosos que tienen dos fases en su vida: una fase de larva, en la cual nadan por el mar, y otra fase en la que se depositan en el fondo, convirtiéndose en pólipos sésiles anclados permanentemente en la superficie, donde se quedan para reproducirse. Pues bien, estos ascidianos resulta que tienen sistema nervioso durante la fase libre, cuando nadan, pero, en el momento en que se anclan al suelo, reabsorben su sistema nervioso. Qué curioso, ¿no? Parece como si no necesitaran más su sistema nervioso y se lo comiesen. Esta anécdota nos muestra con claridad que el sistema nervioso es necesario para moverse, porque, si no nos movemos, no es necesario. Posiblemente, por eso las plantas no tienen sistema nervioso, aunque eso no significa que las plantas y los árboles no puedan comunicarse entre sí utilizando señales químicas, como los placozoos.

La conclusión de estudiar la evolución es que el sistema nervioso tiene que ver con el movimiento. Si nos ponemos a pensar un poco sobre ello, si nos movemos, cambiamos por supuesto de lugar y, con ello, cambia el exterior, lo cual puede dar lugar a oportunidades y riesgos. Pero moverse no solo cambia el espacio, en realidad nos proyecta hacia el futuro. Porque, cada vez que nos movemos, estamos creando un ambiente nuevo en el que nos adentramos, y esto cambia los acontecimientos que van a suceder. En realidad, moverse es una cuestión bastante filosófica, porque construimos un futuro nuevo con cada uno de nuestros movimientos. Por eso digo que la cabeza o la cabina del avión mira siempre hacia el futuro. Entonces, si vamos a movernos, necesitamos pensar en el futuro, imaginarnos el futuro. Decidir si nos movemos o no, si vamos a la izquierda o a la derecha, arriba o abajo, puede tener consecuencias muy importantes para nuestra supervivencia; por eso, hay que empezar a pensar con cuidado qué va a ocurrir en el futuro. Empezar a predecir qué es lo que va a ocurrir.

LA PREDICCIÓN DEL FUTURO

La idea que quiero proponer es que la predicción del futuro es la razón por la cual aparece el sistema nervioso en la evolución. Al comienzo, las neuronas servirían para coordinar los músculos de todo el cuerpo y generar movimientos coherentes y rápidos. Esto creó la necesidad de solucionar el problema de predecir el futuro y, más adelante en la evolución, los mismos circuitos neuronales que se utilizaron para moverse se multiplicaron y se empezaron a utilizar para predecir qué iba a ocurrir en el futuro.

La idea central de este libro es que el cerebro es una máquina de predicción del futuro, y lo hace utilizando redes neuronales para generar un modelo del mundo, como si fuese un modelo de realidad virtual. Es decir, dentro del cerebro, apretamos el botón de avance rápido para adelantarnos a los acontecimientos, imaginar lo que va a ocurrir y escoger así un comportamiento que sea óptimo para tener más papeletas para sobrevivir. Es un proceso de predicción y acción. Se predice primero y después se actúa. Esto explicaría muchas cosas que ocurren en el cerebro y en todo el sistema nervioso no solo de los humanos, sino de todos los animales. Por ejemplo, para hacer una buena predicción necesitamos primero acordarnos de lo que ha ocurrido en el pasado, porque conocer el pasado es la mejor manera de predecir el futuro. Eso explicaría por qué surge la memoria, algo que, si lo pensamos bien, solo tiene utilidad en cuanto que nos sirve para predecir el futuro. Si no, ¿para qué serviría acordarse de lo que pasó, ya que no se puede volver atrás?

Pero, además de recopilar información pasada, también tenemos que construir un modelo del presente, un modelo del mundo de la realidad en la que nos movemos. Y para construir este modelo, necesitamos símbolos internos en nuestro cerebro, en nuestro sistema nervioso, que se refieran a las cosas, acontecimientos o animales que estén fuera. Cada elemento exterior tiene que estar representado por un símbolo interior, una idea, formando una especie de diccionario mental del mundo. Aquí es donde intervienen las ideas de Graham Brown y Lorente: los bucles de neuronas que funcionan independientemente del exterior y se pueden utilizar para construir un modelo mental del mundo. Una vez que tenemos memoria y un sistema de símbolos, podemos empezar a manipularlo internamente, mentalmente, para hacer cálculos de qué ocurriría si pasa esto o aquello. Por cierto, uno de estos símbolos tiene que referirse a nosotros mismos, pues es imprescindible que en este modelo del mundo también estemos representados nosotros. Así, surge la conciencia no solo de las personas, sino posiblemente de todos los animales con sistema nervioso. El objetivo final de todo esto es utilizar el modelo del mundo para seleccionar el comportamiento más efectivo para nuestros objetivos, que son muy simples: reproducirnos y sobrevivir. Así es como escogemos un plan de acción que después mandamos a los músculos del cuerpo, utilizando el mismo sistema nervioso, para que estos hagan lo que deben hacer y nos manden al futuro en la dirección que hemos escogido. Aunque el control de los músculos y la generación de comportamiento hayan sido quizá la primera razón por la que apareció el sistema nervioso, después se volvió más sofisticado y empezó a hacer más cosas.

LA TEORÍA DE CONTROL

El sistema nervioso, el cerebro, hace dos cosas, más bien tres. Primero, construye un modelo del mundo, incluidos nosotros mismos. Después, utiliza ese modelo para calcular el futuro y, al final, escoge un plan de acción que nos convenga. Para mantener este modelo al día, hay que asegurarse de que coincida con el exterior porque, si no coincide, ¡malas noticias!: duraremos dos días en la batalla por la supervivencia de la evolución. La idea del león atacan-

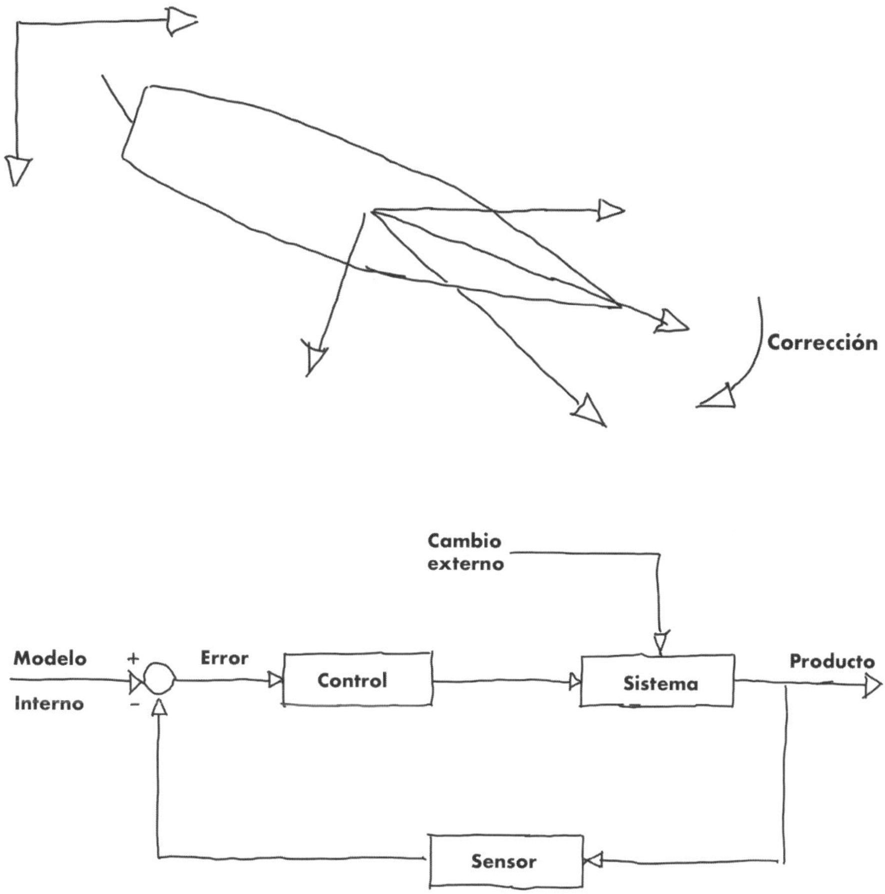

Figura 2.2. La teoría de control es un modelo matemático, inicialmente desarrollado para pilotar barcos automáticamente, para corregir la actividad de un sistema complejo.

do tiene que ser absolutamente nítida y exacta si queremos evitarlo. Para ajustar el modelo al exterior y mantenerlo al día tenemos los sentidos: la vista, el oído, el tacto, el gusto y el olfato; los usamos para medir lo que está ocurriendo fuera y compararlo con nuestra predicción de lo que tiene que suceder. En otras palabras, incorporamos las mediciones externas y las comparamos con lo esperado; así decidimos si se ajustan o no al modelo. Si lo de fuera coincide con lo esperado, todo bien. Pero, si no coincide, debemos retocar el modelo mandando una señal que lo ajuste. Esto es lo que se llama la teoría del control, y la señal reentrante que viene del exterior se llama retroalimentación (o *feedback,* en inglés), y ocurre precisamente por bucles de conexiones.

La teoría de control es el fundamento teórico de la ingeniería. Fue desarrollada hace un siglo por un matemático ruso llamado Nicolas Minorsky para estabilizar sistemas de piloto automático en los barcos de la marina estadounidense. Su idea matemática es muy fácil y simple: capturar el pasado, el presente y el futuro con tres ecuaciones que están conectadas entre sí, de manera que hay una comparación constante entre lo que se predice y lo que ocurre; si se produce un error en dicha comparación, se manda de vuelta al modelo para mejorarlo. La teoría de control se utiliza profusamente en ingeniería. Desde los pilotos automáticos hasta los ascensores, termostatos, lavavajillas, coches, programas de *software,* etcétera. En esencia, todos los sistemas y máquinas que hemos construido los humanos en los últimos cien años de una manera u otra tienen metidas dentro esta idea, esta teoría y estas fórmulas matemáticas. Pues bien, la evolución nos saca ventaja unos seiscientos millones de años, porque el sistema nervioso es un sistema de control biológico. Las neuronas y los cerebros se utilizan para medir el exterior y, con esas mediciones, poner a punto el modelo interno: comparar distintos cursos de acción, escoger el mejor y mandar esa orden a los músculos para mover el cuerpo de la manera deseada.

LOS CONJUNTOS NEURONALES, OTRA VEZ

Volviendo al capítulo anterior, la idea de que el cerebro sirve para predecir el futuro encaja muy bien con los descubrimientos de la actividad endógena en el cerebro y la teoría de redes neuronales. Los conjuntos neuronales que se activan endógenamente son posiblemente la representación física de las ideas, de los pensamientos: son la manera que tiene la naturaleza de fabricar símbolos del exterior. Son los ladrillos con los que está construido nuestro modelo del mundo. La actividad espontánea que ocurre en ausencia de un *input* sensorial sería entonces el reflejo de este modelo del mundo que siempre estamos calculando, no solo nosotros, también todos los animales. Por eso, cuando recibimos información sensorial nueva, a veces generamos un comportamiento nuevo. Eso también explica que se puedan crear comportamientos sin información nueva, y que a veces no se genere comportamiento alguno. Esta teoría de predicción con redes neuronales disocia la actividad cerebral del comportamiento, algo que la teoría neuronal siempre había dado por hecho. Las redes neuronales explican, por tanto, todo lo que ya explicaba la teoría neuronal, pero también pueden explicar los problemas que tenía esta. Por eso es una teoría mejor, que nos puede ayudar a progresar. Además, es una teoría que encaja muy bien con la evolución de los sistemas nerviosos. En realidad, si lo pensamos bien, esta teoría de predicción explica el origen de la inteligencia, porque poder predecir el futuro es precisamente la característica principal de la inteligencia. Las personas que son inteligentes ven venir las cosas antes de que ocurran. Entonces, todo empieza a tener sentido: la evolución de los animales multicelulares ha sido una carrera para ver quién es más inteligente, quién puede predecir el futuro mejor, porque, si se puede predecir mejor el futuro, se tienen más posibilidades de acabar ganando la batalla evolutiva, que es a muerte.

Desde este punto de vista, podemos explicar perfectamente por qué los primates como nosotros llevamos la voz cantante entre los animales. Tenemos un cerebro gigantesco, por lo que nuestro modelo del mundo y nuestras predicciones seguro que son muchísimo más precisos que los de otros animales. Imaginemos, por ejemplo, un gusano, que utiliza el sistema nervioso para predecir lo que puede ocurrir en los próximos segundos: si se tiene que mover a la izquierda o la derecha, si hay alimento o no, si hace calor o frío, etcétera. Si subimos en la escala evolutiva, llegamos, por ejemplo, a un insecto, como una mosca, que igual está haciendo cálculos no sobre lo que va a ocurrir en los próximos segundos, sino en los próximos minutos. Si subimos un poco más, tendremos animales como un pez, por ejemplo, que empiezan a calcular lo que va a ocurrir en las próximas horas o en los próximos días. Cuando llegamos a los seres humanos, no solo nos preocupa calcular lo que va a ocurrir en los próximos segundos, minutos, horas y días, años, décadas o más allá, sino que también estamos preocupadísimos por el futuro de la especie humana con el cambio climático: cuestiones que sobrepasan nuestra propia vida. Tenemos un modelo mental que se extiende hacia el futuro muchísimo más que el de cualquier otro animal.

IMMANUEL KANT TENÍA RAZÓN

Esta teoría de que el cerebro sirve para generar un modelo del mundo y predecir el futuro no es nueva, es una idea anclada en la historia de la filosofía, la psicología y la neurociencia. Hay mucha gente que ha sugerido esta idea; no es solo mía. Es posible que una de las personas que se acercaron más a esta manera de pensar fuera el filósofo alemán Immanuel Kant. Este filósofo nunca salió de una provinciana ciudad prusiana, Königsberg, donde nació hace exactamente trescientos años y donde vivió ochenta. Kant era muy metódico, hasta tal punto que se bañaba con el agua exactamente a la misma temperatura y la gente de Königsberg ponía el reloj en hora cuando salía a pasear. Bien asentado en su ciudad y rutina, dedicó su vida a pensar cómo funciona la mente humana y aventuró la hipótesis de que nuestro cerebro fabrica estructuras mentales para clasificar la realidad y que lo que vemos no es el mundo, sino una representación que construimos sobre él. La cita que abre el libro resume su punto de vista, que hago propio. Kant propuso que la realidad en la que vivimos, o en la que creemos vivir, está construida por el cerebro. Quería explicar el problema filosófico de por qué la mente humana se ajusta al mundo. Es un problema que parece inocente, pero es muy importante. ¿Por qué lo que ocurre dentro de nuestra cabeza, por ejemplo, cuando hacemos un cálculo matemático de la distancia entre dos puntos, o de la suma de los ángulos de un triángulo, coincide exactamente con las mediciones que hacemos de las distancias o las sumas de los ángulos que ocurren fuera, en el mundo? ¡Qué casualidad! La respuesta que dieron los filósofos empiristas británicos como John Locke o David Hume fue que la razón por la que nuestra mente coincide con el mundo es porque la mente humana refleja el mundo. Según ellos, salimos al mundo al nacer con una *tabula rasa,* una «cajonera vacía» y, a lo largo de la vida, acumulamos percepciones del exterior y acabamos teniendo una mente que coincide perfectamente con el mundo, porque es un reflejo exacto de él. Pero Kant, que antes que filósofo fue matemático, no estaba convencido de que esto explicase por qué funcionan las matemáticas, ya que hay conceptos matemáticos nuevos que nos inventamos, y resulta que los encontramos después en el exterior.

Kant le dio la vuelta al argumento de los empiristas y propuso que la razón por la cual la mente humana concuerda tan bien con el mundo es porque el mundo, de hecho, es un reflejo de la mente humana. En otras palabras, el mundo, o la realidad en que creemos que vivimos, está generado internamente o construido: utilizamos los sentidos para fabricar construcciones mentales que reflejan el exterior, pero que al final del día son construcciones internas. Estas ideas de Kant están muy cerca de las hipótesis que muchos de nosotros estamos investigando en neurobiología, con experimentos en laboratorios, tanto en animales como en personas. Y encajan muy bien con la teoría de que el cerebro sirve para predecir. Aunque él nunca lo supo, Kant fue el primer gran neurobiólogo de la historia.

EL TEATRO DE LA MENTE

Pero, antes de Kant, hubo otra persona. Precisamente, un español, el dramaturgo Pedro Calderón de la Barca que, en sus obras, sugirió ideas muy parecidas. En *La vida es sueño* propone la hipótesis de que nuestra vida, en realidad, es una construcción mental, como un sueño: no es la realidad, sino que *es* lo que pensamos nosotros que es la realidad. Es como un teatro de ideas, un teatro de la realidad externa que, por cierto, se refleja en el título de otra de sus obras, *El teatro del mundo*. Esta idea, que el mundo es un teatro mental, capta perfectamente la teoría de redes neuronales; también que la corteza cerebral sirve para crear el modelo del mundo. Además, explica por qué los seres humanos tenemos tanta corteza, porque tenemos un modelo gigantesco del mundo en nuestra cabeza.

El teatro de la mente que tenemos en la cabeza es un modelo fantástico de la realidad. De hecho, es un modelo tan bueno que lo confundimos con la realidad y nos creemos a pies juntillas que vivimos en ella. Solamente algunas veces nos damos cuenta de que no es la realidad. Por ejemplo, cuando soñamos o cuando nuestras percepciones e ideas del mundo no coinciden con la información que recibimos del exterior, o cuando tenemos alucinaciones patológicas. Esto lo veremos en detalle después. Estudiaremos los casos en que los neurobiólogos se han dado cuenta de que el cerebro está

Figura 2.3. El cerebro, utilizando conjuntos neuronales, construye un modelo mental del mundo.

construyendo algo que no existe en el exterior y nos confunde. Son muy pocos casos, pero están ahí, delante de nosotros, y nos dan la pista de lo que ocurre dentro del cráneo. Es como si pilláramos al cerebro *in fraganti,* como si se hubiese dejado la puerta entreabierta y pudiésemos mirar y ver cómo funciona por dentro.

En suma

La evolución sugiere que el sistema nervioso aparece en momentos en que los animales multicelulares crecen de tamaño y empiezan a moverse de una manera coordinada. Para ello, no solo necesitan activar los músculos de una manera precisa, también, y quizá más importante, decidir qué tipo de comportamiento van a llevar, y para ello deben calcular qué va a ocurrir en el futuro con el fin de predecirlo. Esto explicaría cómo el sistema nervioso genera un modelo del mundo, un teatro mental, como una especie de realidad virtual, y que utiliza la información que viene del exterior a través de los sentidos para ajustar el modelo y predecir el futuro de una manera más precisa. Todo ello, para poder escoger el comportamiento que sea más efectivo y asegurarse la supervivencia.

En los siguientes capítulos vamos a explicar cómo el sistema nervioso genera este modelo del mundo y cómo se escogen los comportamientos, cómo las redes neuronales tienen propiedades perfectas para construir este modelo de la realidad. Vamos a abrir la tapa del cerebro, meternos dentro y destriparlo.

Capítulo 3

El teatro del mundo por dentro: las neuronas digitales

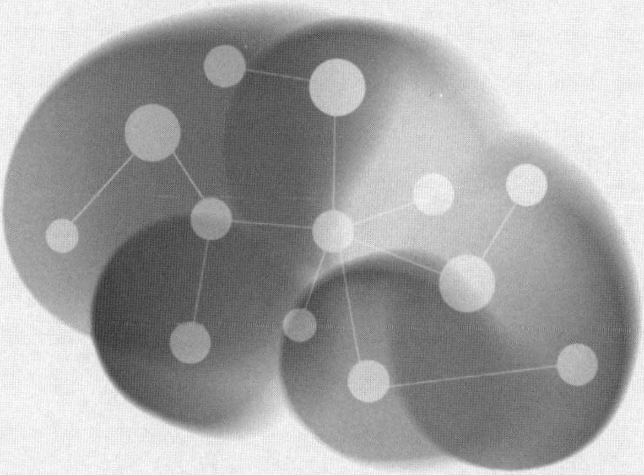

Ya sabemos para qué sirve el cerebro y cómo surgió en la evolución. Tenemos en la cabeza una máquina que, de una manera casi mágica, registra lo que ha ocurrido en el pasado, lo analiza para fabricar un modelo del mundo y guardarlo en la memoria, lo compara con el exterior para ajustarlo en el presente y utiliza el modelo para predecir qué va a ocurrir en el futuro y escoger la manera más efectiva para moverse, poder sobrevivir y reproducirse en el juego a muerte de la evolución. Ahora, vamos a adentrarnos en este misterio y a averiguar cómo se fabrica todo esto con material biológico, con física, química y biología.

LAS NEURONAS: LOS ÁRBOLES DEL CEREBRO

Si nos metemos dentro del cerebro, lo único que encontraremos son neuronas y células gliales. Algún vaso sanguíneo y alguna otra célula perdida, pero eso es esencialmente todo. Para entender cómo se fabrica y se utiliza este modelo del mundo, tenemos que profundizar más para comprender cómo son las neuronas, qué hacen, cómo funcionan y para qué sirven.

Prácticamente todas las neuronas del sistema nervioso tienen una forma de árbol. Sí, las neuronas tienen un cuerpo celular, que llamamos el soma, con un árbol dendrítico, como si fueran las ramas y el tronco de un árbol, y, además, tienen un árbol axonal, como si de sus raíces se tratase. Las dendritas y los axones son estructuras que se ramifican buscando algo, igual que las ramas y las raíces de los árboles. Las ramas buscan la luz para sus hojas, mientras que la raíces buscan el agua y los nutrientes. En el caso de las neuronas, lo que las dendritas y los axones buscan son otras neuronas para comunicarse con ellas. Las dendritas buscan contactos con otras neuronas, que llamamos sinapsis, mientras que los axones buscan otras neuronas para formar contactos sinápticos con ellas. Es decir, las dendritas reciben sinapsis y los axones las fabrican.

TENEMOS TRES REDES DE INTERNET EN LA CABEZA

Entonces, las neuronas son células especializadas con propiedades eléctricas. Sus membranas están llenas de canales de iones que las convierten esencialmente en pequeños interruptores eléctricos; es decir, pueden estar encendidas o apagadas, como una lámpara. Y tenemos una cantidad astronómica de estos interruptores en el cerebro. Se calcula que un ser humano tiene alrededor de 86.000 millones de neuronas. Además de encenderse y apagarse, las neuronas están conectadas entre sí con estructuras que se llaman sinapsis, que ocurren entre el axón de una neurona y la dendrita de otra. Se estima que la neurona típica del cerebro de un humano, por ejemplo, de la corteza cerebral, tiene entre 10.000 y 100.000 conexiones sinápticas con otras neuronas. Si lo multiplicamos por el número de neuronas que tenemos, llegamos a un número de sinapsis tan elevado como 10.000 billones (1.000.000.000.000.000). Para que os hagáis una idea de cómo es de grande nuestra red cerebral, se calcula que en toda la red de internet mundial existen alrededor de 30.000 millones de páginas web, por lo que tendríamos en cada una de nuestras cabezas aproximadamente una red de neuronas del tamaño de casi tres redes de internet juntas. Y para hacerlo más impresionante, el gasto energético de mantener el cere-

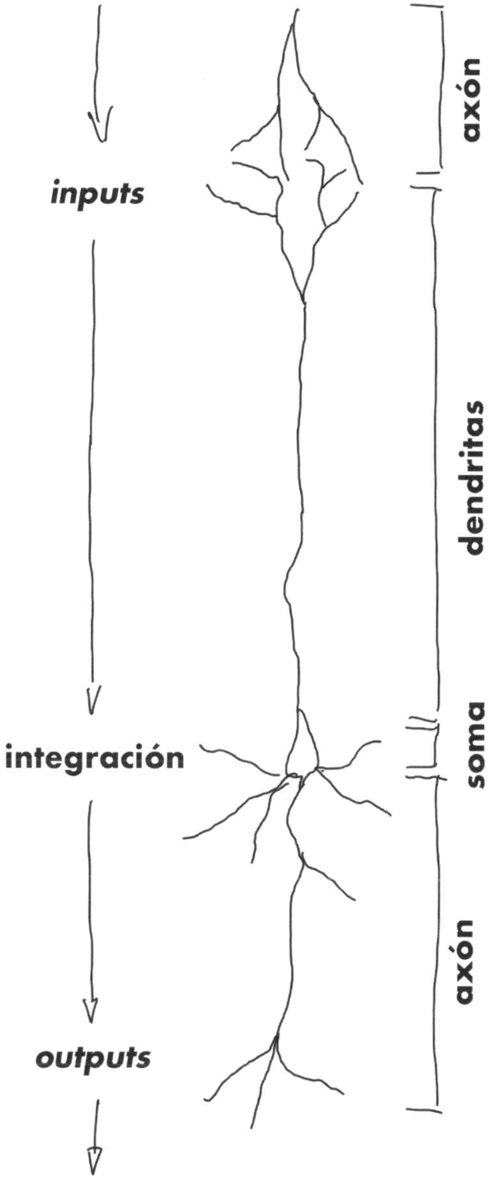

Figura 3.1. Las neuronas reciben *inputs* a través de sus dendritas, los integran en el cuerpo celular o soma, y mandan sus *outputs* por sus axones.

bro encendido se estima que es de alrededor de 20 vatios. Es decir que mantenemos encendidas tres redes de internet con la energía de una bombilla pequeñita, la que proporciona comer un bocadillo y beber un poco de agua, nada más. Pero, aun así, el sistema nervioso utiliza bastantes calorías. Se estima que el cerebro consume alrededor del 20 por ciento de toda la energía del cuerpo, una proporción enorme si se tiene en cuenta que es una parte relativamente pequeña del cuerpo. Este gasto energético tan grande solo tiene sentido si resulta muy importante para la naturaleza. Esto demuestra que la evolución está mimando al sistema nervioso, porque los animales que derrochan energía no llegan a fin de mes en su carrera por la supervivencia.

LAS NEURONAS, LISTAS PARA DISPARAR

¿Por qué el cerebro gasta tanta energía del cuerpo? Todas estas calorías que utiliza el cerebro son necesarias para mantener las neuronas recargadas de energía eléctrica, listas para que disparen sus potenciales de acción en cualquier momento. Las neuronas son como pequeñas baterías, pero, en vez de tener una carga de 1,5 voltios, como una pila, mantienen sus membranas con una carga de –65 milivoltios. Para una célula así de pequeña, este es un potencial de membrana gigantesco, lo que nos indica que la naturaleza debe considerar importantísimo cargar eléctricamente las neuronas. El potencial de membrana se mantiene a base de unas proteínas especializadas, los transportadores de membrana, que expulsan iones de sodio y a la vez meten iones de potasio del exterior dentro de la neurona. Esto genera una diferencia de voltaje en la membrana, debida a la diferencia en la concentración y carga de los iones que acaban dentro y fuera de la célula. Estos transportadores trabajan continuamente bombeando iones, utilizado, en plan barra libre, una gran parte de la energía de todo el cuerpo. Así, logramos tener las neuronas bien cargadas de electricidad y listas para disparar, las mantenemos engatilladas continuamente en todo el cerebro. Como tenemos tantas neuronas, por eso utilizamos tanta energía.

EL POTENCIAL DE ACCIÓN ES LA SEÑAL DIGITAL DEL CEREBRO

Pero ¿cómo se encienden y apagan las neuronas? Pues bien, las neuronas se disparan cuando otras proteínas que tienen en su membrana, llamadas canales iónicos, se abren y dejan pasar iones positivos desde fuera, que entran a la neurona y cancelan el potencial negativo de la membrana. A esto lo llamamos despolarización, porque se elimina la polarización eléctrica que tenían. Las corrientes eléctricas que generan son muy pequeñas, pero también bastante significati-

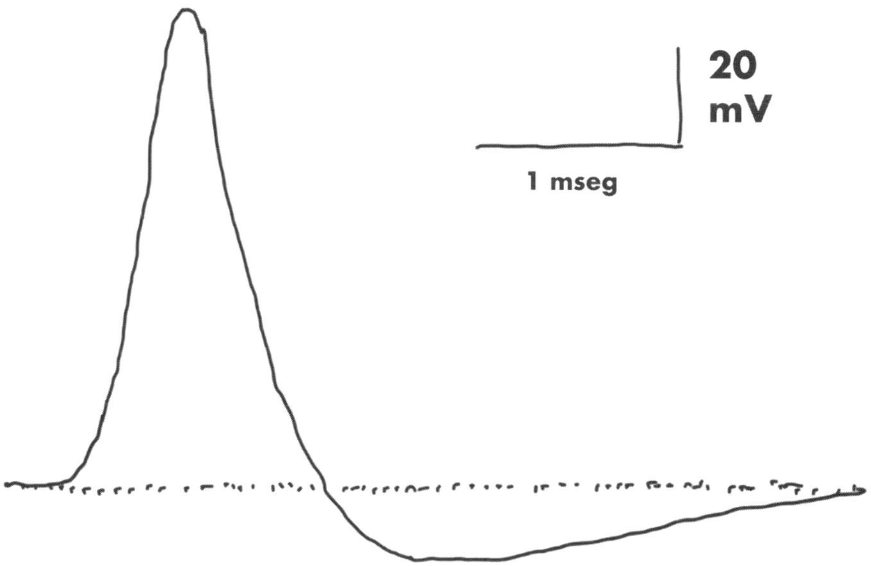

Figura 3.2. El potencial de acción es una descarga eléctrica que generan las neuronas y se transmite rápidamente por todas sus conexiones.

vas dado el tamaño tan pequeño de la neurona. Esta despolarización es un fenómeno explosivo porque, al despolarizarse la membrana, se abren todavía más canales iónicos, y esto aumenta la despolarización. En fin, es como una llamarada, pero muy breve, de pocos milisegundos, que se propaga a una gran velocidad por la membrana de la neurona, de hasta 150 metros por segundo. Esta llamarada es lo que llamamos potencial de acción. Una vez que ocurre y se propaga, los canales iónicos se cierran y la neurona se vuelve a recargar, gracias a los transportadores de membrana, que nunca dejan de trabajar. Así, está lista para volver a disparar en el momento en que sea necesario. El potencial de acción se extiende por toda la superficie de la neurona y su gran velocidad permite la transmisión casi inmediata de información por todo el sistema nervioso, utilizando los axones y sus contactos sinápticos con otras neuronas.

LAS ESPINAS DENDRÍTICAS DE RAMÓN Y CAJAL

Las sinapsis son diminutas, de menos de un micrón de tamaño, y forman unas estructuras llamadas espinas dendríticas, que recubren las dendritas como si fueran las hojas de un árbol. La similitud botánica viene de Cajal, porque fue precisamente él quien describió por primera vez estas estructuras en un artículo del primer número de una revista que él mismo editó, utilizando los pocos ahorros que tenía, y que, como un desafío al mundo, publicó precisamente el día que cumplía treinta y seis años, el 1 de mayo de 1888. Aunque otros investigadores habían visto antes estas espinas, las descartaron porque pensaban que eran unos depósitos de las tinciones de Golgi, que no eran reales. El joven Ramón y Cajal se la jugó, contradijo a los popes de la ciencia de su época y, con unos argumentos impecables, concluyó que estas estructuras eran reales, que eran parte de las dendritas, y las llamó *espinas* porque le recordaban a las espinas de un rosal. Aunque parecen más bien granos, el nombre espina es más elegante, y, de hecho, se utiliza hoy en día como homenaje al viejo maestro. Tenemos muchísimas espinas en el cerebro. La típica neurona de nuestra corteza cerebral puede tener hasta cien mil espinas y, por la gran cantidad de espinas de las dendritas humanas cuando se comparan con las de otros animales, Cajal propuso que las espinas de alguna manera tenían el secreto de nuestra mayor inteligencia. Para concluir la partida, Cajal se imaginó que estas espinas recibían a los axones y servían para conectar las neuronas. Pues dio en el clavo. Casi setenta años más tarde, cuando se inventó el microscopio electrónico, se confirmó que las espinas sirven para conectar las neuronas y que cada espina tiene una sinapsis. Ramón y Cajal ya había muerto entonces, pero seguro que sonrió desde la tumba.

Figura 3.3. Las espinas dendríticas que describió Cajal recubren las neuronas y sirven para recibir los axones de otras neuronas.

LAS SINAPSIS Y SUS NEUROTRANSMISORES

Las puntas de los axones, llamadas terminales presinápticas, que conectan con las espinas de las dendritas, reciben el potencial de acción que llega a través de los axones y, cuando se despolarizan, se descargan; al hacerlo, liberan de golpe unas moléculas que llamamos neurotransmisores, que tienen acumuladas en pequeñas vesículas. Los neurotransmisores se difunden por el exterior de la terminal presináptica y se unen a receptores especializados en la membrana de la neurona receptora, justo frente a la terminal sináptica del axón. La combinación de la terminal sináptica del axón con los receptores en la dendrita es lo que propiamente se llama sinapsis. Es curioso que ambas partes no se tocan, sino que interaccionan con señales químicas que pasan de una a otra.

Los receptores sinápticos en las espinas y las dendritas, que están como diríamos «en la otra acera» de las vesículas, se parecen a los canales iónicos de los que hemos hablado antes. Cuando reciben el neurotransmisor que se ha liberado, se abren, dejan pasar

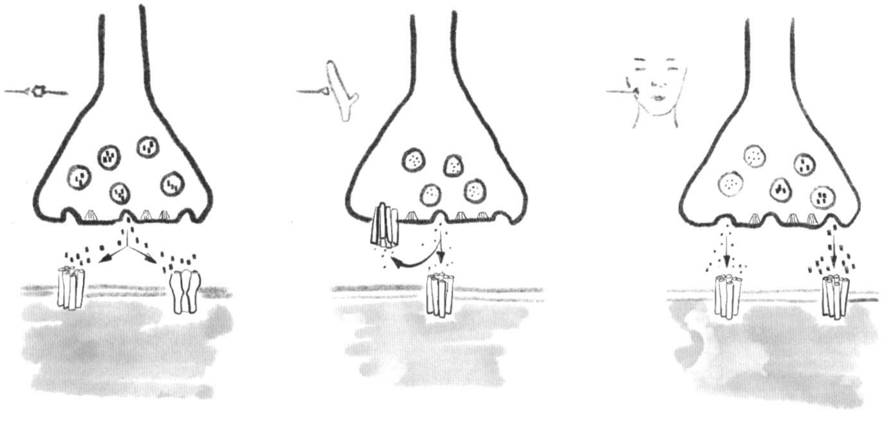

Figura 3.4. En todas las partes del sistema nervioso, las sinapsis transforman los potenciales de acción que llegan por el axón en señales químicas, los neurotransmisores, y activan las células receptoras.

iones positivos y despolarizan a la neurona receptora. Normalmente, estos contactos sinápticos generan corrientes y voltajes muy pequeños, que tienen muy poca fuerza. Pero, si muchas sinapsis se activan a la vez, la despolarización de la neurona receptora puede ser tan grande como para provocar un potencial de acción en la neurona receptora y dispararla. Si la neurona se dispara, el potencial de acción de la segunda neurona, la receptora, se extiende por toda su membrana, invadiendo sus dendritas y también sus axones, con lo que llega a todas las sinapsis que estos axones forman a su vez con otras terceras neuronas que, si va todo bien, las vuelven a disparar. Es decir, las sinapsis realizan una transformación misteriosa de una señal eléctrica, el potencial de acción axonal, a una química, el neurotransmisor, y a otra eléctrica, el potencial eléctrico en la espina dendrítica. Y así, neurona a neurona, se propaga la actividad eléctrica por el sistema nervioso, que podemos considerar esencialmente como una red de axones y dendritas para mandar potenciales de acción por todas partes.

ALGUNAS NEURONAS INHIBEN A OTRAS

En realidad, hay dos tipos de sinapsis, las excitatorias y las inhibitorias. Las excitatorias ya las hemos analizado; están colocadas precisamente en las espinas y utilizan glutamato como neurotransmisor. Pero Sherrington y sus discípulos se dieron cuenta de que, durante algunos reflejos, había neuronas en la médula espinal que dejaban de disparar, como si alguien las estuviera haciendo callar. Tirando del hilo, se descubrió que estas células reciben también sinapsis con neurotransmisores inhibitorios, sobre todo el llamado GABA. Funcionan de un modo parecido a las excitatorias, pero, cuando el GABA se libera y cruza «a la otra acera», se une a receptores distintos en las neuronas receptoras. Estos receptores, llamados GABAérgicos, son los mismos que se activan con las benzodiacepinas que utilizamos en la clínica como tranquilizantes y sedantes. Los receptores GABAérgicos abren canales que dejan entrar iones de cloruro, con carga negativa, dentro de la célula; así, en vez de despolarizar la neurona y descargarla, la hiperpolarizan y la recargan más de carga negativa. Por eso son inhibitorias, porque previenen que la neurona dispare su potencial de acción. Cada neurona recibe muchas sinapsis inhibitorias y se localizan específicamente en el cuerpo celular y dendritas de las neuronas, evitando las espinas, que están ya ocupadas por sinapsis excitatorias. Es algo muy peculiar: la neurona tiene territorios específicos, unos para las sinapsis excitatorias y otros para las inhibitorias.

¿Para qué sirve la inhibición? La idea lógica desde los tiempos de Sherrington es que las sinapsis inhibitorias sirven para contrarrestar la excitación y prevenir que todas las neuronas del cerebro, que están conectadas en bucles, se acaben disparando unas a otras. Hay algo de cierto en ello porque, si la inhibición en el cerebro funciona mal, se produce un ataque epiléptico, que consiste en descargas anormales y masivas de neuronas. Pero muy posiblemente las sinapsis inhibitorias tengan también otras funciones, incluso computacionales, como veremos en el siguiente capítulo, cuando retomemos el hilo de la inhibición, pero considerándola ya desde el punto de vista del circuito neuronal.

MÁS DE MIL TIPOS DE NEURONAS

Las sinapsis inhibitorias están generadas por un tipo especial de neuronas, las llamadas interneuronas GABAérgicas. Estas neuronas son muy peculiares; tienen axones cortos y muy ramificados que contactan con la mayoría de las neuronas de su alrededor. Cajal pasó toda su vida estudiándolas. Embelesado por su gran belleza estética, las comparó en los cerebros de distintas especies. Describió docenas de tipos de interneuronas y aventuró la hipótesis de que su diversidad está correlacionada con la inteligencia. De hecho, esta fue la pelea antes mencionada que mantuvo con Lorente . Cajal argumentó que la corteza cerebral de los humanos tenía muchos más tipos de interneuronas que la de los ratones, por eso éramos más inteligentes. Pues bien, el joven Lorente, de tan solo veintidós años, estudió la corteza cerebral del ratón y describió más tipos de neuronas e interneuronas que las descritas por Cajal para el humano. ¡Vaya sopapo! Lorente tuvo, además, la audacia de mandar el artículo a publicar a la revista que precisamente dirigía Cajal, y parece que Cajal le escribió una nota diciendo más o menos: «Querido discípulo, estoy en completo desacuerdo con su artículo, pero se lo voy a publicar sin ningún cambio». ¡Vaya altura de miras! Esta pelea cordial y científica entre los dos duraría hasta el lecho de muerte de Cajal. La última carta que escribió Cajal fue precisamente a Lorente, una carta que pone los pelos de punta y que empieza diciendo, cómo no, «Querido discípulo». En ella, Cajal le cuenta a Lorente que ya no puede levantarse de la cama y que se encuentra muy mal, pero en seguida vuelve a la ciencia y le habla de la importancia de las espinas dendríticas. Acaba diciéndole que la corteza del ratón no es muy buena para estudiar las interneuronas y lo anima a estudiar la del conejo, que tiene más interneuronas. ¡Vaya pasión por la investigación! La ciencia por encima de todo.

En los últimos años, se ha investigado (o hemos investigado, porque también formo parte de alguno de estos trabajos) quién tenía razón, si Cajal o Lorente, utilizando técnicas moleculares muy potentes para clasificar los tipos de neuronas. Parece que los dos tenían razón: aunque los ratones tienen tantos tipos de neuronas en la corteza como los humanos, es cierto que los humanos tenemos algunos tipos de interneuronas que no se encuentran en los ratones. Algo que no debe sorprendernos, ya que ratones y humanos estamos separados por muchos millones de años de evolución. Pero, independientemente de estas comparaciones entre especies, Cajal y Lorente clavaron lo esencial: la corteza cerebral de los mamíferos y todas las partes del cerebro tienen muchos tipos distintos de neuronas, tanto excitatorias como inhibitorias. Es una diversidad asombrosa, ante la cual los neurobiólogos actualmente estamos de rodillas, pues no entendemos por qué hay tantos tipos de neuronas. Si lo único que hacen es activar o inhibir, solo se necesitarían dos clases de neuronas, excitatorias e inhibitorias. Pero en la corteza tenemos al menos 140 tipos distintos, más o menos la mitad de cada clase. Si miramos el cerebro entero, parece que hay más de mil. ¿Por qué tantas? Una hipótesis es que cada tipo de neurona desempeña un papel específico en los circuitos, formando redes neuronales con mucha diversidad de propiedades. De esto hablaremos en el próximo capítulo.

EL TEATRO DE LA MENTE ES UNA MÁQUINA DIGITAL

A pesar de que tengamos más de mil tipos distintos de neuronas, todas las neuronas transforman señales eléctricas en químicas, y viceversa. Utilizan las sinapsis para convertir sus señales eléctricas en señales químicas y después, en las neuronas receptoras, las señales químicas se vuelven a convertir en señales eléctricas. Eso es todo, esta es la función esencial de todas las neuronas, una simple transformación de señal: recibir conexiones sinápticas, tanto excitatorias como inhibitorias, integrarlas en una señal eléctrica que enciende la neurona si las conexiones son suficientemente potentes, y, si son conexiones de poca fuerza o gana la inhibición, la neurona se queda apagada. La neurona es entonces como un interruptor eléctrico que se puede encender o apagar dependiendo de los *inputs* que reciba.

Pero, más que un interruptor, las neuronas se parecen a transistores: dispositivos electrónicos que permiten el paso de una señal en respuesta a otra, y se utilizan para el control adecuado del flujo de corriente eléctrica. Los transistores se cargan con energía eléctrica y se descargan de golpe; sus señales eléctricas son digitales, es decir, solo pueden poseer dos estados: encendidos o apagados. Son los famosos bits. Que los transistores sean digitales es fundamental, porque las señales digitales no se degradan al transmitirse en distancias largas y se pueden almacenar con facilidad. Además, los circuitos electrónicos digitales se pueden programar y analizar matemáticamente. Como sabemos, gran parte de la tecnología de la humanidad está basada en la electrónica digital de los transistores. Pero la naturaleza nos lleva la delantera, pues hace ya más de seiscientos millones de años utilizó los principios de la electrónica digital para aprender a fabricar algo parecido.

A pesar de todos los avances en electrónica digital, es casi seguro que la naturaleza también nos siga llevando la delantera en tecnología electrónica. En los últimos años, nos estamos dando cuenta de que las neuronas son bastante más sofisticadas que un transistor. No solo combinan sus impulsos para decidir si disparan o no, como los transistores, sino que parece que las dendritas de muchas neuronas funcionan de manera independiente, deciden por su cuenta si le pasan la información al soma o no. En otras palabras, para que la información pase de una neurona a otra, la transmisora tiene que convencer primero a las dendritas de la célula receptora. Los impulsos sinápticos individuales por sí mismos prácticamente no sirven para nada. Una sinapsis solo tiene efecto si coopera con otras y, si se disparan muchas a la vez, igual consiguen activar una dendrita. Si eso ocurre, esta dendrita se descarga y tiene un potencial de acción, pero limitado solo a la dendrita. Únicamente si se activa una dendrita, llegará la despolarización al soma. Pero, para disparar al soma, se tienen que activar varias dendritas a la vez, hasta que al fin se genera el potencial de acción en el soma y se consigue el objetivo de activar la neurona.

En otras palabras, la neurona es un ejemplo biológico de cooperación: primero tienen que cooperar varias sinapsis para disparar a una dendrita, y después tienen que cooperar varias dendritas para disparar a la neurona. Nuestros transistores neuronales funcionan con dos centros de decisión, a dos niveles. El primero ocurre en las dendritas y el segundo ocurre en el soma de la neurona. Entonces, para que la información se transmita de una neurona a otra neurona, debemos contar con las dendritas, que tienen unas formas muy bellas y complejas, además de una función todavía bastante misteriosa. Sin duda, las dendritas deben dotar de más potencia computacional a las neuronas, permitiendo algoritmos matemáticos más sofisticados, lo que deja a nuestra tecnología digital a la altura del betún.

LAS SINAPSIS ESTÁN SIEMPRE CAMBIANDO Y SON ESTOCÁSTICAS

Pero, si las dendritas son las que cortan el bacalao en el cerebro, ¿para qué tenemos las sinapsis, unas nanomáquinas bastante complejas que deben costar un montón de recursos no solo para fabricarlas, sino también para mantenerlas funcionando? ¿Por qué la naturaleza no conecta directamente los axones con las dendritas y se deja de historias fabricando sinapsis? Una posibilidad es que las sinapsis se pueden cambiar, moldear y tunear para hacerlas más o menos potentes, dependiendo de lo que haya ocurrido. Es lo que se conoce como «plasticidad sináptica». Al poder aumentar o disminuir el efecto de una conexión sináptica, se puede permitir el aprendizaje. El cerebro se adapta continuamente al exterior y siempre está retocando el modelo del mundo, y una manera de retocarlo es cambiando los contactos entre neuronas. Las sinapsis, de hecho, son muy plásticas: si se estimulan repetidamente, cambia su función. Según el patrón de estimulación, se puede conseguir que se hagan más o menos potentes, y que esos cambios duren más o menos. Algunos cambios en las sinapsis pueden durar varios días, y están acompañados por cambios en la morfología de las espinas, aumentando o reduciendo su tamaño, alargando o acortando su conexión con las dendritas. Como la actividad neuronal es continua, las sinapsis siempre están cambiando, de muchas maneras, y nuestras espinas también. Pero ¿cómo se relacionan los cambios en las espinas y las sinapsis con el aprendizaje? Responderemos a esta pregunta en el próximo capitulo, porque tenemos que entender primero cómo funcionan los circuitos y las redes neuronales.

Antes de dejar las espinas y sus sinapsis, quiero mencionar uno de los mayores misterios de la neurociencia. Las sinapsis excitatorias son muy flojas, y la despolarización que generan es minúscula. Es más, el funcionamiento de las sinapsis excitatorias es estocástico. Quiero decir que, cuando se dispara el axón y llega el potencial de acción a las terminales sinápticas, a veces se libera el neurotransmisor, pero a veces no. De hecho, la mayoría de las veces no se libera. ¿Cómo es posible que la naturaleza construya cerebros con conexiones entre neuronas tan flojas y que además funcionen cuando les da la gana, de una manera que parece azarosa? No estamos hablando de una excepción: prácticamente todas las conexiones del cerebro son flojas y responden al azar. Sinceramente, no entendemos por qué. Que las sinapsis sean tan flojas indica que tienen que cooperar para disparar a las dendritas y hacerse notar. Pero esto significa que los axones que las disparan, que viene cada uno de otra neurona, tienen que dispararse a la vez. Y si tiramos del hilo, esto implica que las neuronas que generan estos axones deban disparase a la vez. Es decir, que las dendritas pueden ser simplemente detectores de la actividad de grupos de neuronas. Esta idea nos vendrá de perlas en el capítulo siguiente. Pero ¿por qué tienen estas sinapsis que funcionar al azar? ¿Por qué es el cerebro una maquina estocástica? Mi hipótesis favorita para explicar esto tiene que ver con las acerías medievales del río Tajo en Toledo, pero tendremos que esperar también al próximo capítulo.

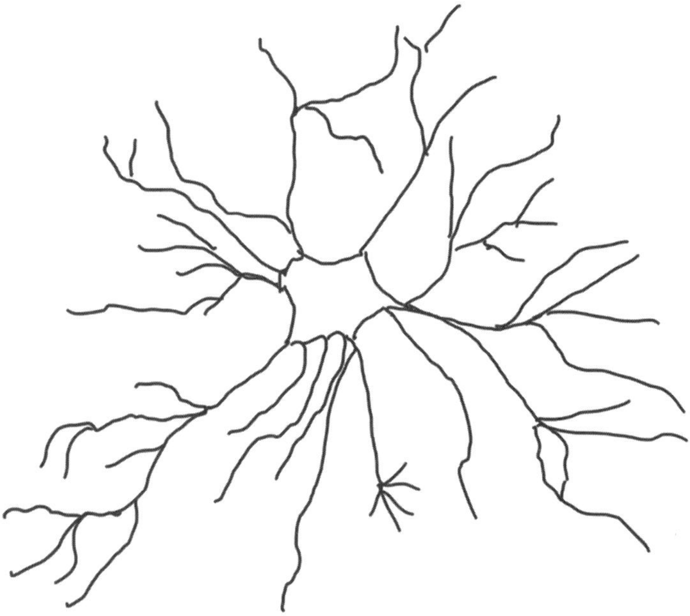

Figura 3.5. Los astrocitos, que tienen forma de estrella, son un tipo de células gliales muy numerosas, que recubren las sinapsis y posiblemente controlen su función.

En suma

En este capítulo hemos profundizado en cómo funcionan las neuronas (y la glía), cómo utilizan señales eléctricas digitales, cómo se conectan con sinapsis y también cómo los potenciales de acción fluyen por las redes neuronales. Las neuronas, con sus espinas, dendritas y axones, son estructuras estéticamente maravillosas. Cajal las denominaba «las mariposas del alma», y se pasó la vida feliz dibujándolas, especulando y rumiando sobre cómo sus estructuras pueden dar lugar a su función. Además de maravillosas, las neuronas son también inteligentes. Estamos todavía en ello, pero casi seguro que todas y cada una de las peculiaridades de las neuronas y las células gliales acabarán teniendo un significado computacional. Es muy posible que el sistema nervioso esté poniendo todo lo que tiene a trabajar y que compute con todas sus partes, con sus espinas, sinapsis, dendritas, axones y glía. Es una computadora orgánica. De hecho, esto puede explicar el problema energético de hacer funcionar las tres redes de internet que tenemos en la cabeza solo comiendo un bocadillo al día: porque cada pequeña parte de su estructura se utiliza eficientemente para computar. Cada sinapsis, cada dendrita, cada rama axonal, cada neurona, cada célula glial... todo está computando algo importante.

Si esto es así, sería casi imposible simular el cerebro en computadoras digitales, a no ser que fuesen gigantescas y utilizasen toda la energía del planeta. Si queremos generar cerebros artificiales, va a ser mucho más fácil copiar a la naturaleza, hacer ingeniería biológica o manipulación genética, clonando un animal para construir cerebros con los mismos materiales orgánicos que ha utilizado esta. Fabricar computadoras digitales con materia orgánica es una lección aprendida tras seiscientos millones de años de evolución.

Capítulo 4

El teatro del mundo por dentro: las redes y los conjuntos neuronales

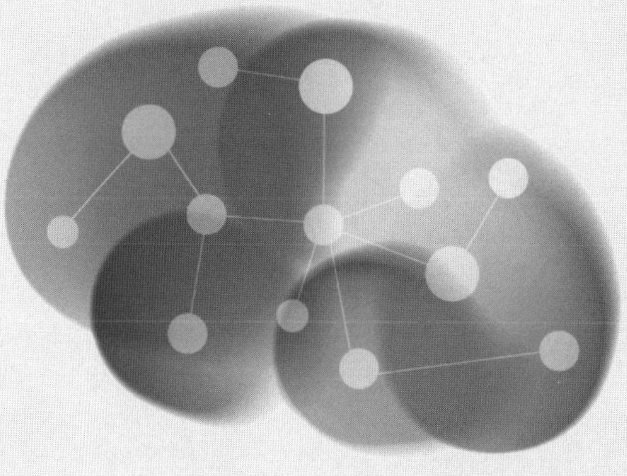

Hasta ahora, tenemos una idea general de lo que puede hacer el cerebro y cómo es por dentro, pero todavía no entendemos cómo lo hace. Aunque conocemos ya las neuronas y cómo funcionan, tenemos que lograr explicar cómo se generan dentro del cerebro estos estados de actividad que simbolizan el mundo exterior que imaginaba Kant; cómo la naturaleza consigue activar un grupo de neuronas dentro de nuestra cabeza, utilizándolo como si fuera una palabra de un lenguaje interno para referirse a la realidad externa. Todo ello, para poder manipularlo mentalmente. En vez de manipular físicamente el mundo, lo manipulamos en nuestra cabeza, sin tocarlo.

LORENTE DE NÓ AL RESCATE

Pero entremos en faena. ¿Cómo conseguimos construir un estado interno de la actividad exterior? Ya hemos visto que el truco es dejar encendidos los potenciales de acción en un circuito neuronal, y la solución, como propuso Lorente, es conectar las neuronas entre sí de forma que se exciten unas a otras de manera recurrente, en bucle. A esto, los científicos lo denominamos retroalimentación positiva. Pero, si conectamos unas neuronas a otras con sinapsis excitatorias, no pararán nunca de activarse unas a otras, dejando encendidos estos potenciales de acción en el circuito para siempre, o hasta que se les acabe la energía. Aunque hay algo de verdad en ello, dado que el cerebro es el mayor gorrón de energía del cuerpo, también tiene mecanismos como la inhibición, que evitan el derroche.

Como sabemos, un grupo de neuronas que se activa conjuntamente es lo que se llama un «conjunto neuronal», pieza clave de la nueva teoría de redes neuronales que está sustituyendo a la vieja doctrina neuronal de Cajal y Sherrington. ¿Cómo se activan estos conjuntos neuronales? Para que los conjuntos neuronales se activen, los disparos de las neuronas que los forman necesitan estar sincronizados en el tiempo. Vamos a seguir el hilo de las reflexiones del capítulo anterior. Como sabemos, las sinapsis son muy poco potentes, por eso para conseguir que se dispare una neurona se necesita a la vez activar muchas espinas con sus consiguientes sinapsis excitatorias. No sabemos cuántas, pero es posible que haga falta activar más de cien sinapsis para conseguir pasar la barrera de las dendritas y que se dispare la neurona. Todo esto en el caso de que no haya inhibición, porque, si no, la situación se hace todavía más cuesta arriba. Esto significa que los circuitos neuronales, sobre todos los de la corteza cerebral, son esencialmente hostiles a la propagación de la actividad por ellos, y parece que han sido diseñados por la evolución para que solo pase información cuando la actividad de las neuronas sea sincrónica. Eso implica que los conjuntos neuronales se tienen que disparar todos a la vez, o muy cercanos en el tiempo. ¡Todos a una! Exactamente lo contrario de lo que dijeron Cajal y Sherrington, según los cuales las neuronas van cada una por su lado. Lo esencial es tener un grupo de neuronas que estén conectadas entre sí de una manera recurrente, con creaciones excitatorias para disparar todas juntas. En el momento en que se queda encendido ese conjunto neuronal, puede servir al cerebro para simbolizar lo que quiera.

LAS REDES NEURONALES: UN POCO DE HISTORIA

Todo esto hace que las redes o circuitos de neuronas, las conexiones que los grupos de neuronas tienen entre sí sean fundamentales. Ese es el meollo de la cuestión: cómo se forman las imágenes de la televisión cerebral basándose en la cooperación de las neuronas. Pero, desafortunadamente, parece que estos circuitos son muy complejos, formados por cientos e incluso miles de tipos de neuronas, con una maraña de conexiones que son «las selvas impenetrables donde muchos investigadores se han perdido», según advertía Cajal. Pero, mientras Cajal y los neurobiólogos de su época se tiraban de los pelos y se perdían en estas selvas corticales, vinieron al rescate los matemáticos, liderados por Alan Turing, responsable de la creación de las computadoras digitales y del desciframiento del código secreto de los submarinos alemanes en la segunda guerra mundial. Turing observaba muy de cerca lo que ocurría en la neurociencia y empezó a hacer modelos matemáticos de circuitos cerebrales, reduciendo la complejidad a su esencia matemática. Estos modelos fueron los precursores de una rama nueva de la neurociencia, poblada sobre todo por matemáticos y físicos, que se dedica a construir modelos teóricos del cerebro. Es decir, al igual que en física, en la neurociencia, además de científicos experimentalistas, tenemos científicos teóricos, que exploran la idea de qué grupos de neuronas conectadas entre sí pueden hacer cosas interesantes. Estos modelos se conocen como redes neuronales y están revolucionando no solo la neurociencia, sino también las industrias tecnológicas.

Unos de los pioneros de los modelos teóricos fueron los norteamericanos Warren McCulloch y Walter Pitts, que propusieron que simples circuitos de neuronas conectadas entre sí podían realizar las operaciones básicas de la lógica booleana. La lógica booleana es la base de toda la teoría de la computación y de la electrónica digital. Turing demostró matemáticamente que, si podemos realizar

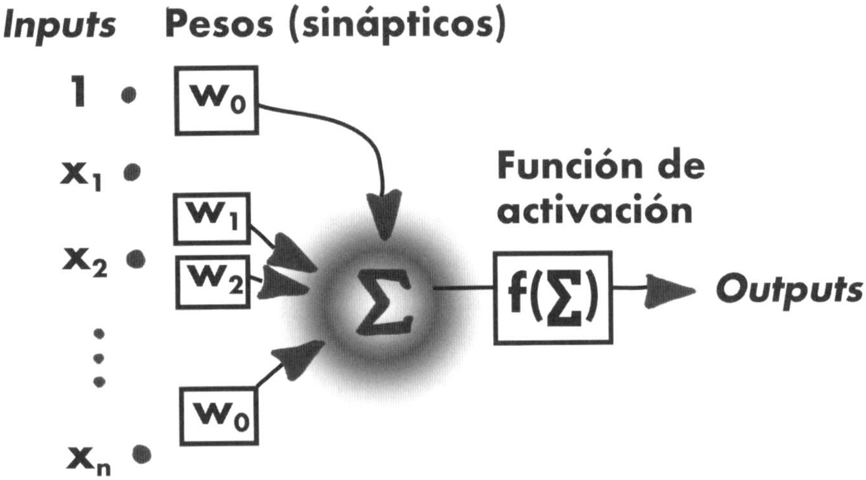

Figura 4.1. Los primeros modelos matemáticos de redes neuronales asumieron con una simple ecuación que las neuronas simplemente suman la actividad que reciben y, si es suficientemente potente, disparan.

lógica booleana y tenemos suficiente tiempo por delante, podemos computar todo lo computable. Siguiendo el hilo de Turing, McCulloch y Pitts demostraron matemáticamente que circuitos conectados por neuronas, aunque pudieran parecer muy simples, eran muy poderosos matemáticamente, ya que eran máquinas booleanas.

Esta idea sería retomada poco después por otro norteamericano, Frank Rosenblatt, que en 1958 propuso un modelo de circuito neuronal al que llamó el *perceptrón*, en el que una capa de neuronas se activa y puede activar otra capa, que a su vez puede activar otra capa, etcétera, como una fila de voluntarios que van pasándose los cubos uno al otro para apagar un fuego. Pues estos simples perceptrones, entre otras cosas, son capaces de realizar operaciones lógicas de conjunción (una neurona se activa si todas las neuronas que se conectan a ella se activan) y disyunción (una neurona se activa si cualquier neurona conectada a ella se activa), y esto les permite reconocer un estímulo y generalizar entre varios tipos dis-

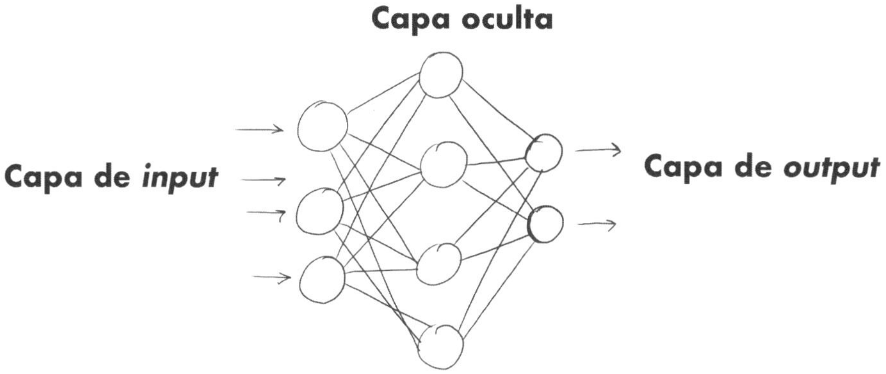

Figura 4.2. Los perceptrones son redes neuronales en los que cada neurona de una capa está conectada a neuronas de la capa siguiente.

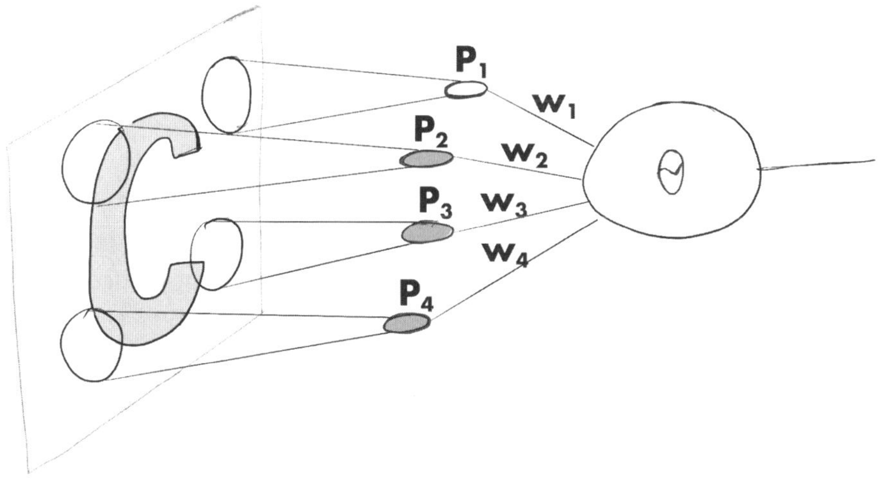

Figura 4.3. Los perceptrones pueden leer las letras escritas a mano. La primera capa reconoce partes de la letra y las capas superiores combinan esa información para reconocerla entera.

tintos de estímulos. Por ejemplo, uno de los perceptrones más famosos, conectado a una cámara, fue capaz de reconocer y clasificar los números de los distritos postales escritos a mano en los sobres de las cartas, algo asombroso para un modelo de un pequeño circuito de neuronas. Con esto, se evitaba que los carteros tuvieran que descifrar la letra de los distritos postales de los sobres. ¡Asombroso!

DE LA NEUROCIENCIA A FACEBOOK Y GOOGLE

En realidad, gran parte de lo que hacemos con nuestro cerebro en el día a día es procesar información del exterior, clasificando los objetos que vemos o percibimos. Pues esto también lo sabe hacer una red neuronal simple. Si la hacemos más compleja, podremos realizar computaciones más potentes. De hecho, unas redes neuronales similares a los perceptrones, pero que tienen muchas capas de neuronas concatenadas, son el motor computacional que se está utilizando actualmente en la industria de las computadoras y la inteligencia artificial. Se llaman redes neuronales profundas, y el término *profundo* se refiere al número de capas que tienen, diez o más, y pueden resolver problemas computacionales muy complejos de clasificación, como, por ejemplo, detectar las caras de la gente en las fotografías de redes sociales. Son tan potentes que hace dos años varias redes neuronales profundas lograron el hito de reconocer más rostros de los que puede identificar una persona; y eso que, como primates sociales, somos excepcionalmente buenos en detectar rostros. Pero las redes neuronales ya nos han superado. Mucho de lo que se escucha sobre la revolución existente de la inteligencia artificial versa sobre redes neuronales profundas. Es decir que la industria informática y toda la inteligencia artificial está basada en una idea teórica de cómo funcionan los circuitos neuronales —más bien, en la idea que se tenía en 1958 de cómo funcionaban los circuitos neuronales—. ¡Imaginad el futuro que viene, cuando conozcamos de verdad los secretos del cerebro!

LAS REDES NEURONALES RECURRENTES RECUERDAN LAS COSAS

Los perceptrones y las redes neuronales profundas utilizan circuitos en los que la información va esencialmente en una dirección. Pero, como ya sabemos, el jugo del cerebro está en los circuitos cerebrales recurrentes, los de Lorente, donde las neuronas tienen conexiones de ida y vuelta. Estos circuitos recurrentes forman redes matemáticamente muy complejas, casi inabordables, porque las conexiones recurrentes significan que lo que ocurre en una neurona puede influir en todas. Por ello, la industria informática prácticamente no las ha tocado.

Sin embargo, en 1982, John Hopfield, otro físico-matemático norteamericano con quien he tenido el privilegio de tratar mucho a lo largo de mi carrera, no le tuvo miedo al asunto y demostró matemáticamente que, si se tiene un circuito de neuronas conectadas entre sí con conexiones excitatorias, de una manera recurrente, y si el circuito está completamente conectado, con cada neurona conectada con todas y cada una de las demás, entonces el circuito generará estados de actividad endógena, intrínseca. Hopfield llamó a estos estados «atractores neuronales», como si «atrajesen» la actividad de las neuronas del circuito. Demostró que estos atractores tienen propiedades muy interesantes. Una de ellas es la memoria. La activación de un atractor, al mantener un estado de actividad interno encendido, se puede utilizar para recordar algo. Por cierto, los atractores de Hopfield son cien por cien idénticos a la idea de los conjuntos neuronales de los que hemos hablado, pero ahora expresada de forma matemática. Otra propiedad de los atractores que demostró Hopfield es la compleción.

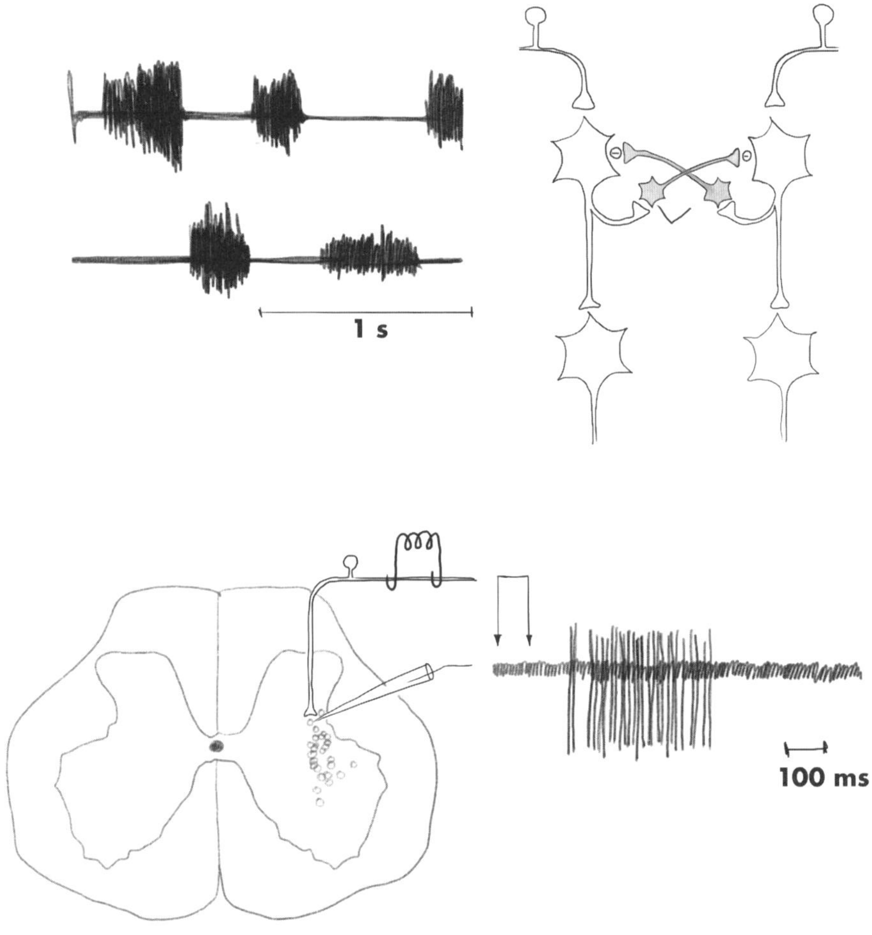

Figura 4.4. Los atractores son estados de actividad de un conjunto neuronal, y utilizan las conexiones excitatorias recurrentes para mantener encendido el circuito, tanto de una manera oscilatoria (arriba) como alargando la respuesta a un estímulo (abajo).

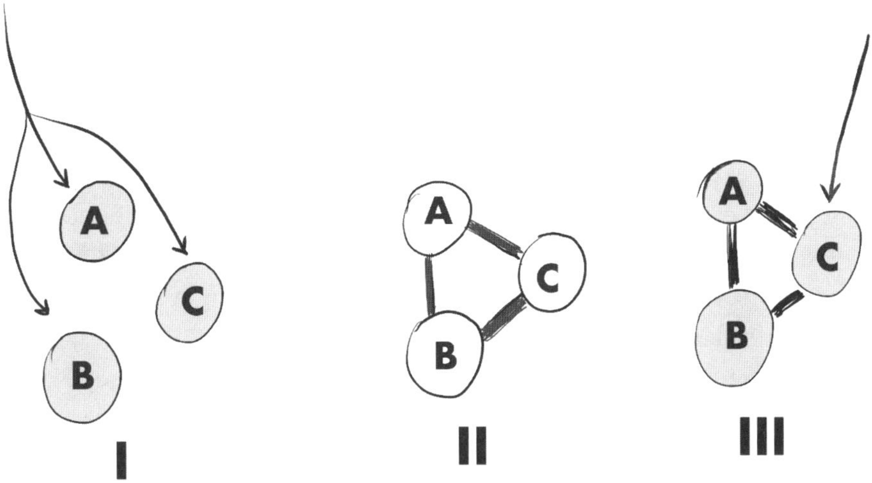

Figura 4.5. Si estimulas una neurona gatillo, se activa todo el conjunto neuronal. Esto se conoce como compleción de patrón.

Esto significa que, si se activan una o unas cuantas neuronas de este atractor, como se disparan entre ellas y se excitan entre ellas, se acaban disparando todas. La compleción de la actividad del conjunto neuronal tiene un paralelismo directo con muchas de las actividades y funciones del cerebro. Por ejemplo, Marcel Proust relata, en *En busca del tiempo perdido*, cómo, al comer una magdalena empapada en té, su sabor le despierta una serie de recuerdos de infancia que contará después a lo largo de la obra. La compleción es algo que no solo utilizamos para recordar las cosas, sino que está presente en muchos comportamientos nuestros y de los demás animales; por ejemplo, al cantar una canción, tatareamos la melodía y después sale sola; también al andar, correr o hablar, gran parte de lo que hacemos son actividades secuenciales y, una vez que las ponemos en marcha, funcionan ellas solas. Todo esto se explica matemáticamente con los atractores de Hopfield.

LAS REDES NEURONALES SABEN APRENDER

Las redes neuronales, tanto los perceptrones como las recurrentes, tienen además una propiedad muy importante: pueden aprender. Las conexiones entre las neuronas de una red son plásticas. Esto significa que pueden hacerse más fuertes o débiles dependiendo de lo que haya ocurrido antes en la red. ¿Nos suena esto de algo? Sí, es exactamente lo mismo que hemos dicho respecto a la sinapsis de las neuronas del cerebro. La plasticidad sináptica es lo mismo que la plasticidad entre las conexiones de una red neuronal. Las reglas de aprendizaje de estas conexiones sinápticas permiten que las redes neuronales cambien con el tiempo y adquieran información del exterior, aprendiendo. Las redes neuronales artificiales que están dentro de los iPhone y de los ordenadores han sido copiadas de los circuitos neuronales de nuestro cerebro. De hecho, son una mala copia de lo que pensamos que tenemos dentro. Actualmente, las redes neuronales artificiales que utilizan los ordenadores o los iPhone aprenden de una manera muy lenta y necesitan muchísimos datos. Pero los circuitos que tenemos dentro de la cabeza, de una manera que todavía no entendemos, aprenden muchísimo más rápido con muy pocos datos. De hecho, este es uno de los grandes desafíos de la inteligencia artificial: averiguar cómo diantres aprenden los circuitos neuronales con tanta rapidez y tan poca información. Seguro que habrá una revolución en inteligencia artificial cuando conozcamos de verdad cómo funcionan estos circuitos cerebrales.

FORJAR EL MAPA DEL MUNDO CON SINAPSIS ESTOCÁSTICAS

Quiero retomar ahora una cuestión que dejamos abierta en el capítulo anterior: las acerías medievales del río Tajo, que forjaban las mejores espadas de entonces. Nos podemos imaginar que cada cosa que reconocemos en el mundo tiene un atractor neuronal dentro de nuestro cerebro; lo que hace una red neuronal recurrente en realidad es construir un mapa o «paisaje» de atractores neuronales. Pero, muchas veces, el mapa que tenemos de atractores no es muy fiel a la realidad exterior y hay que ajustarlo. El problema es que, una vez que construimos atractores neuronales, son bastante sólidos y es difícil cambiarlos. Los teóricos que estudian redes neuronales aprendieron que una manera de cambiarlos es inyectar señales de ruido en el sistema para agitar ese mapa y desestabilizarlo. Esto es lo que se llama *atemperamiento* de una red neuronal, y no es algo original, sino que fue descubierto por unos herreros que trabajaban el acero durante el Medievo. El problema era el mismo: cuando se forja una espada y el metal se enfría, la estructura de los átomos del metal se cristaliza; pero, una vez cristalizado, es muy difícil cambiarla y, a veces, esta solidificación inicial no es la mejor; entonces la espada no es dura o flexible. Por eso, los metalúrgicos vuelven a calentar la espada que se está enfriando y la dejan enfriarse otra vez, poco a poco, haciendo varios ciclos de calentamiento y enfriamiento, para «atemperar» el metal. Tras varios ciclos, por fin los átomos del metal se encuentran en la configuración más estable y se consigue la espada toledana ideal. El atemperamiento de metales y de redes neuronales podría explicar por qué las sinapsis en el cerebro son aleatorias.

Se trata solo de una teoría, pero la idea es que las sinapsis aleatorias permiten un «atemperamiento» del circuito neuronal y estabilizan así el mapa de atractores en una situación mejor. Si las sinapsis fueran muy fiables y no fallasen nunca, los atractores que se formarían cristalizarían inmediatamente, pero, quizá, en una configuración mala. Al hacer las sinapsis estocásticas, es decir, haciendo que funcionen al azar, la naturaleza puede estar permitiendo que el cerebro explore distintas configuraciones de atractores y así conseguir un mejor mapa mental del mundo. Poder crear orden, jugueteando con el azar, es algo maravilloso.

LA VISIÓN DESDE ARRIBA

Considerar que las neuronas funcionan solo para desempeñar un papel en los circuitos neuronales y formar atractores, por ejemplo, nos permite entender también varias cosas que ya hemos visto, y explicarlas desde otra perspectiva. Desde el punto de vista de arriba, de la red o circuito neuronal. Por ejemplo, tomemos la inhibición. Como hemos dicho en el capítulo anterior, las neuronas tienen conexiones no solo excitatorias, sino también inhibitorias. Desde que se descubrieron, se ha pensado que la razón por la cual hay conexiones inhibitorias es para evitar que las neuronas se estimulen unas a otras de manera descontrolada, y que el asunto acabe generando un ataque epiléptico en el que se disparan todas las neuronas a la vez, algo que evidentemente no debe ser muy bueno para los animales que quieren sobrevivir en la evolución.

Pero, si miramos el problema desde arriba, nos damos cuenta de que la inhibición podría tener otras funciones más sofisticadas. Por ejemplo, si construimos redes neuronales y añadimos conexiones inhibitorias, las neuronas que forman estos mapas de atractores se autoorganizan y distribuyen por el espacio de la red de manera mucho más eficiente. Estos mapas se convierten en estructuras topológicas, en las que los estímulos más parecidos entre sí activan neuronas cercanas. Al introducir inhibición, en vez de tener un lío de neuronas desorganizadas, con atractores sueltos por ahí, las neuronas compiten entre ellas, interaccionan y se reconectan hasta construir un mapa físico más eficiente. Esto tiene mucho sentido desde el punto de vista evolutivo porque, si las neuronas que hacen cosas parecidas se colocaran cerca unas de otras, los cerebros podrían tener conexiones más cortas, ahorrándose mucho cableado, lo que significa que podrían ser más pequeños y baratos de mantener. Una organización topológica en mapas organizados permitiría también ciertas computaciones mucho más eficientes que si las neuronas van cada una por su lado. Esta hipótesis podría explicar por qué la inhibición suele ir acompañada de mapas topológicos en distintas partes del cerebro. De hecho, tenemos el cerebro lleno de mapas. Como veremos más adelante, la corteza visual tiene un mapa visual del mundo; la corteza auditiva, otro; la corteza somatosensorial, también... Tenemos mapas del espacio en el hipocampo y en la corteza entorrinal, etcétera.

Si consideramos que el propósito de las neuronas no es operar cada una por su cuenta, sino funcionar en conjunto como red neuronal, también podremos explicar por qué tenemos tantos tipos de neuronas en el cerebro. Si quisiéramos fabricar un cerebro, podríamos utilizar un solo tipo de neuronas que se enciendan o se apaguen, o quizá un tipo de neurona excitatoria y otro tipo de neurona inhibitoria. Pero, como ya mencionamos en el capítulo anterior, tenemos posiblemente más de mil tipos de neuronas en el cerebro; solo en la corteza visual del ratón, que ha sido estudiada en detalle, hay alrededor de 140 tipos. ¡Vaya desperdicio! ¿Por qué la naturaleza ha generado tantos tipos de neuronas? Una posibilidad es que estos circuitos neuronales que están generando estos atractores sean de muchos tipos distintos. Que tengan propiedades diferentes en términos, por ejemplo, de la duración de su actividad o de la rapidez en sus cambios o sinapsis, o en otras propiedades funcionales que todavía no hemos entendido. De esta manera, la naturaleza consigue —o conseguiría, porque esto es una hipótesis— construir mapas de atractores utilizando muchas piezas distintas. Es igual que un juego de LEGO, en el que en vez de tres o cuatro tipos de piezas, tenemos varias docenas (o miles en este caso) con distintas formas, lo cual permite construir modelos mucho más complejos y sofisticados.

CONFIRMAR LOS CONJUNTOS NEURONALES CON EXPERIMENTOS

Entonces, las redes neuronales y los atractores pueden explicar muchos de los misterios del cerebro y hacernos avanzar en nuestra exploración científica del sistema nervioso, dejando atrás la teoría neuronal. Incluso pueden ayudarnos en el ámbito clínico para entender las enfermedades cerebrales y curarlas. Pero ¿es cierta esta teoría? Pues estamos en ello, pero los resultados son bastante esperanzadores. Uno de los experimentos que hemos hecho en nuestro laboratorio es en la corteza visual del ratón. Utilizando métodos ópticos con láser para activar las neuronas, descubrimos (por serendipia, por cierto) que, si hacemos disparar un grupo de neuronas conjuntamente entre cincuenta y cien veces durante unos minutos, se unen y, a partir de entonces, disparan conjuntamente como una unidad. Es decir, creamos con nuestras manos un conjunto neuronal, un atractor de Hopfield. Por si fuera poco, una vez creado el conjunto neuronal, resultó que, si activamos sus neuronas de una en una, hay algunas neuronas «gatillo» que disparan a todo el grupo, lo que demuestra de forma directa la predicción de Hopfield de compleción. Para poner la guinda, en otros experimentos mapeamos los grupos de neuronas que se correspondían a estímulos visuales que le presentábamos al animal en una pantalla de televisión. Al apagar la pantalla de televisión y activar estos conjuntos de neuronas con nuestro láser, ¡el ratón se comportaba como si hubiera visto estas imágenes! El comportamiento del animal era idéntico si veía la imagen por sí mismo o si activábamos el conjunto neuronal con el láser. En otras palabras, le introdujimos la imagen en su cerebro, manipulando su percepción. ¡Qué emoción sentimos al hacer este descubrimiento! Estos experimentos demuestran que la teoría de los conjuntos neuronales y los atractores va en serio porque no solo existen, sino que están directamente relacionados con la percepción sensorial.

Nuestra hipótesis, siguiendo la idea de Kant, es que los conjuntos neuronales son los ladrillos con los que el cerebro construye la realidad. Aparte de nosotros, hay mucha gente en todas partes del mundo trabajando para examinar las predicciones de esta nueva teoría y demostrar si es cierta o es falsa. Así avanza la ciencia, a golpe de experimento limpio, que demuestre si algo es cierto o falso. De hecho, como decía el filósofo austriaco Karl Popper, para la ciencia es incluso más importante demostrar que algo es falso, o que es «falseable»; por eso, las buenas teorías tienen que enseñar claramente sus flancos más flojos, para que los científicos podamos meter el dedo en la llaga.

En suma

En este capítulo hemos descubierto cómo funcionan las redes neuronales y cómo pueden solucionar computaciones de clasificación y optimización, generando conjuntos neuronales que sirven como memoria y tienen compleción. Esta idea de las redes neuronales no solo soluciona el problema de la actividad espontánea, sino que, viendo la película desde arriba, pueden explicar por qué las sinapsis son pequeñas y estocásticas, e incluso por qué hay inhibición, distintos tipos de neuronas y por qué el cerebro está lleno de mapas. También hemos visto cómo los experimentos en nuestro propio laboratorio demuestran que estos conjuntos neuronales existen en el cerebro del ratón, tienen compleción y, además, al activarlos, podemos sustituir las percepciones visuales del animal. Armados con esta información y este nuevo conocimiento, ya estamos listos para abordar cómo funciona el cerebro y destriparlo parte por parte. Ya tenemos un modelo conceptual de qué es lo que hace el cerebro, cómo fábrica estos modelos del mundo con el material biológico que tiene y cómo podrían funcionar estas redes neuronales cerebrales.

Pero hay un problema: las redes neuronales que tenemos en los ordenadores, en la inteligencia artificial, las crea un ingeniero. ¿Cómo se crean las redes neuronales que tenemos dentro de la cabeza? ¿Cómo se desarrolla el cerebro desde que nace un animal, de manera que acaba teniendo este formidable modelo del mundo? Vamos a abordar este misterio en el próximo capítulo.

Capítulo 5

Cómo se construye el teatro del mundo

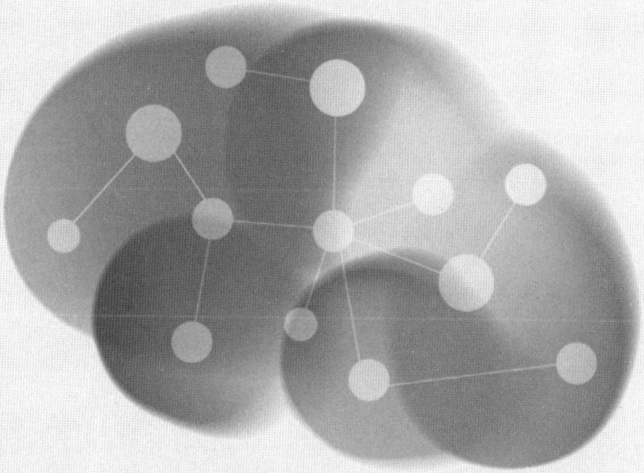

Ahora vamos a narrar la historia de cómo se desarrolla el cerebro, cómo se va creando poco a poco el cerebro de un ser humano ya desde el embrión. Y es una historia maravillosa. Una de las razones por las cuales nos hacemos biólogos es para observar y entender cómo el cuerpo de un animal surge del embrión, como si fuese magia: las distintas partes del cuerpo se organizan durante el desarrollo para formar el animal adulto. Entender cómo se fabrican las cosas no solo es algo intrínsecamente bello, sino que, además, muchas veces nos permite comprender su funcionamiento y para qué sirven. A veces, se tiene la sensación de que los verdaderos biólogos son los dedicados al desarrollo, que estudian e intentan entender cómo surge la vida. Uno de ellos fue Cajal, que, de hecho, cuenta en su autobiografía, *Recuerdos de mi vida* (1917), cuya lectura recomendamos encarecidamente, que la mejor idea que tuvo en su carrera científica, y responsable de la mayoría de sus descubrimientos, fue estudiar el cerebro de animales jóvenes y embrionarios. Argumentaba que es mucho más fácil ver el bosque cuando empieza a crecer que cuando están los árboles ya frondosos: «¿Por qué no recurrir al estudio del bosque joven, como si dijéramos, en estado de vivero?».

LOS PLANES EUROPEOS Y NORTEAMERICANOS DE DESARROLLO

Quizá lo más bonito de todo esto es que, durante el desarrollo embrionario, el cuerpo se autoorganiza y se genera a sí mismo, sin que haya alguien desde fuera dando instrucciones. Es algo verdaderamente milagroso. ¿Quién dirige el desarrollo del cerebro? El quid de la cuestión lo resumió de un modo brillante mi maestro, el sudafricano Sydney Brenner, con su característico humor judío. Propuso que hay dos maneras de construir el cuerpo, el plan europeo y el plan norteamericano. Según el plan europeo, lo que eres en la vida depende de quiénes sean tus padres. Según el plan norteamericano, lo que acabas siendo en la vida depende de lo que hagas con tu vida y de las personas que tengas a tu alrededor. Pues algo igual ocurre en el cerebro: hay partes de su desarrollo y función que dependen en gran parte de la genética, de los progenitores, y otras partes que dependen de la actividad de las neuronas, algo que a su vez depende también del entorno donde se desarrolla el animal y de la estimulación que recibe en el cerebro durante los periodos embrionarios, de gestación, infancia e incluso durante la adolescencia. Estos dos modelos funcionan secuencialmente durante el desarrollo: al comienzo, la mayoría de las cosas que ocurren están determinadas genéticamente; pero, según se va desarrollando el animal y va creciendo, su cerebro se moldea por la actividad neuronal, reflejando las condiciones externas del entorno donde se desarrolla su vida. Somos una mezcla de las dos cosas, un poco europeos y un poco norteamericanos. Somos una mezcla de predestinación genética y de nuestro entorno. Esto lo vamos a estudiar en detalle, parte por parte. Pero empecemos por el principio.

LAS CÉLULAS SE INDUCEN UNAS A OTRAS

La primera etapa de nuestro viaje empieza en el óvulo materno recién fecundado por el espermatozoide. Las células del óvulo se dividen formando el embrión, generándose una bola hueca de células que se llama blástula. En la blástula hay unas células especiales, colocadas siempre en la misma posición, que organizan a la tropa y secretan señales moleculares que provocan que otras células distantes se transformen en los precursores de distintas partes cuerpo, incluido el sistema nervioso. Esto fue descubierto hace cien años por una antigua estudiante que trabajaba precisamente en mi departamento, en la Universidad de Columbia en Nueva York. Era otra discípula rebelde, se llamaba Ethel Browne Harvey y trabajaba en el laboratorio de Thomas Hunt Morgan, famoso por ser el pionero de la genética moderna al utilizar la mosca de la fruta *Drosophila* como modelo animal. El laboratorio de Morgan no solo fue el primero en trabajar en genética, sino que también parece que fue el primer laboratorio moderno sin jerarquías, donde los estudiantes se reunían alrededor de una mesa con el jefe para hablar y discutir de ciencia libremente, muchas veces contradiciéndole, en contraste con las rígidas jerarquías académicas heredadas de Europa hasta entonces. Esta revolución ocurrió en un laboratorio de tamaño minúsculo, sin apenas recursos y que todavía se utiliza en mi departamento. Está en el edificio de enfrente y lo veo desde mi despacho. Alrededor de aquella mesa, Browne decidió que, para su tesis doctoral, en vez de la mosca, estudiaría la hidra, un cnidario, los animales con el sistema nervioso más primitivo. Estas hidras son pólipos que viven en charcas y ríos, y pasan su vida pegadas a hojas y rocas para que no se las lleve la corriente, comiendo todo lo que pasa por delante y que tenga menor tamaño que ellas. Haciendo experimentos de trasplante con hidras marcadas de distintas cepas, Browne descubrió que, cuando trasplantaba un trozo específico del cuerpo de una hidra al de otra, se estimulaba la creación de un segundo eje corporal y se formaba otro animal. Propuso que esa zona que ella trasplantaba mandaba las instrucciones que organizaban al resto del embrión. Con este experimento simple e ingenioso, Browne abrió la puerta para entender cómo se desarrolla el cuerpo. Orgullosa de su descubrimiento, Ethel Browne mandó una copia de su artículo a uno de los grandes popes de la biología del desarrollo, el alemán Hans Spemann. Pero este le copió descaradamente su experimento, lo repitió en embriones de rana y obtuvo el mismo resultado, pero esta vez en un anfibio, que es un vertebrado. Spemann publicó sus resultados sin mencionar los trabajos anteriores de Browne y recibió por ellos un Premio Nobel que quizá no le correspondía. En fin, los científicos somos humanos y, en ciencia, como en todas las actividades humanas, hay momentos brillantes y heroicos, pero también momentos oscuros y miserables.

LOS GRADIENTES MOLECULARES SON EL GPS DEL CUERPO

Independientemente de la historia humana que hay detrás de estos experimentos, la idea central es que el desarrollo del cuerpo ocurre gracias a una larga cascada de interacciones moleculares, en las que unas células estimulan a otras, provocando que se desarrollen de una manera determinada. Este fenómeno se conoce como «inducción molecular», y las cascadas secuenciales de señales inductoras explican el desarrollo de todo el cuerpo, incluido el cerebro. Es como un desdoblamiento molecular en que lo que ocurre primero influye y determina lo que sucederá después, paso a paso, como las páginas de un libro, los pasos de un *ballet* o los compases de una sinfonía. Las señales que se mandan son pequeñas moléculas que se difunden por el cuerpo y el cerebro y generan gradientes moleculares en que la concentración de la molécula inductora va disminuyendo paulatinamente desde el sitio donde se secreta. Por cierto, estos gradientes los descubrió otra gran investigadora, en este caso alemana, Hildegard Stumpf, otra discípula rebelde que, como Browne, tampoco fue reconocida en su tiempo, pero ante la que nosotros nos quitamos el sombrero. Sus ideas sobre gradientes moleculares fueron incorporadas a un artículo de un experto, que se llevó toda la fama y casualmente también se olvidó de citarla. Fue otro caso de robo descarado de ideas, pero, como decía Max Perutz, uno de los pioneros de la biología molecular, a quien tuve la fortuna de conocer en Cambridge: «En ciencia, la verdad siempre gana».

EL TUBO NEURAL ES EL PRECURSOR DEL SISTEMA NERVIOSO

No he contado otra cosa sorprendente: el sistema nervioso surge de una invaginación del epitelio del embrión, esto es, de las células que recubren el embrión por fuera. Si reciben las señales inductoras, se despegan de la superficie y forman un tubo de células, las precursoras de las neuronas. Distintas partes de este tubo neural están destinadas a convertirse en las diferentes partes del sistema nervioso que hemos estudiado en el capítulo 2. Y cada parte está marcada por un GPS molecular. Utilizando las propiedades físicas de la difusión de moléculas para generar gradientes de concentración, cada punto del cuerpo y del cerebro está determinado exactamente por la concentración de una molécula difusora o, como es el caso, de varias moléculas difusoras que vienen de distintas partes. De hecho, aquí nos encontramos con una de las cosas más sorprendentes del desarrollo del cuerpo y el cerebro: los gradientes de concentración en este GPS molecular tienen coordenadas cartesianas, en ángulo recto unas de otras, mapeando las tres direcciones del espacio euclidiano. Esto es, cada punto en tres dimensiones está determinado de una manera precisa por coordenadas de concentración de moléculas en los ejes *x*, *y* y *z*. Estas tres coordenadas carte-

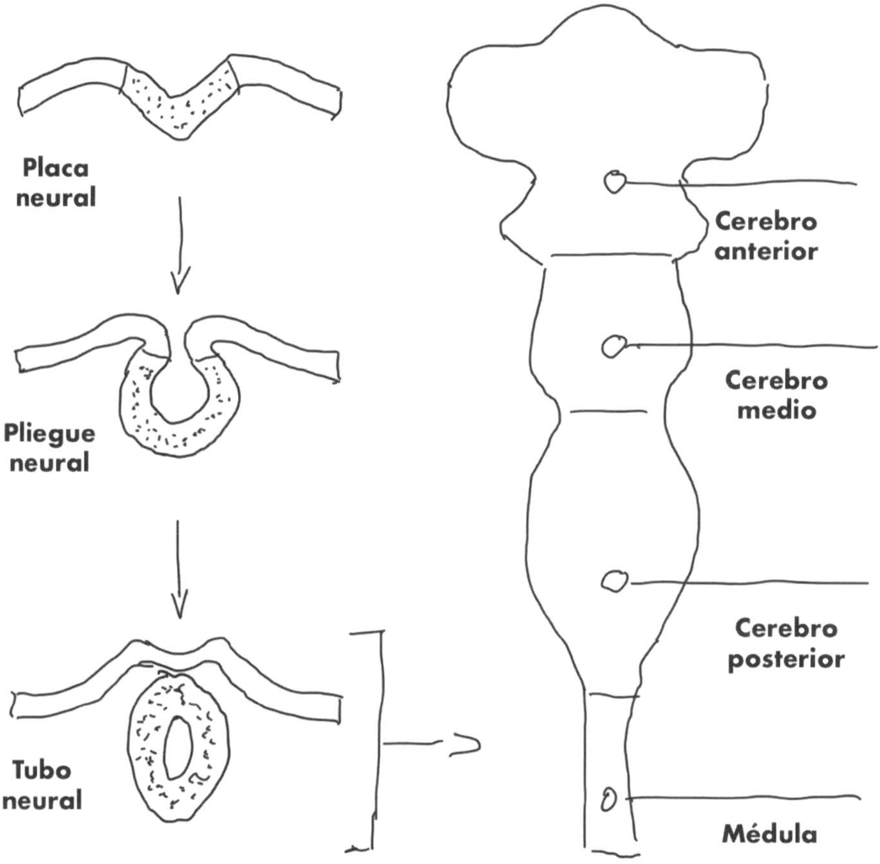

Figura 5.1. El tubo neural es el precursor del sistema nervioso y se invagina del epitelio del embrión.

sianas además determinan los ejes del cuerpo: el eje rostrocaudal, que va desde la cara hasta la cola de los animales; el eje ventrodorsal, que va desde la espalda al vientre, y el eje mediolateral, que va desde la línea media a los flancos del animal. Siempre que pienso que la naturaleza utiliza geometría euclidiana para construir el cuerpo, me da un escalofrío. Este GPS molecular también lo utiliza la naturaleza para generar diferencias moleculares en las células que participan en el cerebro en desarrollo. Por ejemplo, los precursores de las neuronas que están localizados más anteriormente en la cabeza reciben señales moleculares distintas de los que están localizados detrás.

Con estos gradientes, ahora ya tenemos solucionado uno de los problemas del desarrollo: cómo generar células en distintas partes del cerebro para construir toda la diversidad de partes del sistema nervioso y los tipos neuronales que hemos visto en el capítulo 3. Estos gradientes moleculares son instrucciones que tienen que ser leídas de alguna manera por las células receptoras, algo que ocurre a través de la activación de los factores de transcripción. Oculto detrás de este nombre hay algo bastante simple: estos factores son proteínas que regulan la expresión génica. Son como los directores de orquesta que activan las distintas partes del genoma.

UN CÓDIGO MOLECULAR PARA CADA CÉLULA

Tenemos más de cien factores de transcripción, que se combinan entre sí como si fuesen un código, generando muchísimos estados de transcripción del genoma. Estos factores se activan específicamente dependiendo de las concentraciones en los gradientes de las moléculas inductoras que le llegan a la célula. Las señales de fuera son recibidas por los directores de dentro. Al activar distintos estados de transcripción, en esencia leer distintas páginas del libro del genoma, estos factores de transcripción son los que generan toda la diversidad de neuronas y de glía, los dos personajes del sistema nervioso que ya conocemos bien. Cada tipo de neurona es generada por una combinación específica de factores de transcripción. Una vez que se activan estos factores, cada uno de ellos a su vez activa (o inactiva) muchos genes, desplegando el plan molecular de la neurona como si fuese una flor. Entonces, si se enciende un factor de transcripción determinado, o una combinación de ellos, las células precursoras se diferencian y se convierten en células maduras, con toda la ensalada de propiedades anatómicas y funcionales. Como nos decía Brenner, los factores de transcripción son el código interno que utiliza la naturaleza para fabricar tipos de células.

Por cierto, el papel fundamental de los factores de transcripción en el desarrollo del cuerpo lo descubrió otra mujer, en este caso una científica alemana, Christiane Nüsslein-Volhard, que trabajaba con el norteamericano Eric Wieschaus en el desarrollo de la mosca *Drosophila*, la misma que empezaron a utilizar Morgan y sus estudiantes. Esta vez sí les dieron el Premio Nobel a ambos. Encontraron que hay mutaciones en factores de transcripción que alteran el patrón de desarrollo del cuerpo de la mosca. Y en nuestro genoma tenemos factores de transcripción análogos a los de la mosca. ¡Además, están colocados en el mismo orden en nuestro cromosoma que en el de ella! Este tipo de similitudes asombrosas entre especies confirma la unidad fundamental de la naturaleza y de la evolución. Aunque los animales parezcamos muy distintos unos de otros, por dentro somos esencialmente iguales. Por eso estudiamos animales, para entendernos a nosotros mismos.

FÁBRICA DE NEURONAS

Bien, ya sabemos cómo se genera el embrión a partir del óvulo fecundado y cómo las neuronas en distintas partes del sistema nervioso en desarrollo adquieren una identidad única, utilizando el GPS molecular y el código de los factores de transcripción. Ahora viene una fase de desarrollo en la que ya ponemos el sistema nervioso a trabajar, a generar neuronas en una proliferación astronómica que denominamos *neurogénesis*. Aparte de generar cientos de miles de millones de neuronas, la neurogénesis es responsable de que el cerebro aumente de tamaño y que sus distintas partes crezcan unas más que otras. La neurogénesis de neuronas excitatorias ocurre a lo largo del sistema nervioso, cerca de la línea media, mientras que las inhibitorias se generan en la parte posterior del encéfalo. Según se van generando las neuronas, empieza una gran fase de migración neuronal, como en la hora punta, en que todas las neuronas se van a su casa definitiva. Las neuronas excitatorias se mudan desde el centro del ventrículo cerebral, subiendo por unas escaleras de fibras de glía, hasta asentarse en distintas capas del cerebro embrionario, mientras que las interneuronas inhibitorias llegan desde abajo y lo van invadiendo todo, como Atila y los hunos, mezclándose con la excitatorias. Con esto, ya tenemos el sistema nervioso más o menos formado, con sus neuronas diferenciadas, cada una ya en su sitio final, donde van a pasar el resto de su vida.

CONECTAR LAS NEURONAS A DISTANCIA

En este momento, llega una fase crítica del desarrollo del sistema nervioso. Cuando empezaba mi carrera y fui a mi primera gran reunión anual de la Asociación Norteamericana de Neurociencia (SfN), asistí al debate entre grandes neurocientíficos sobre si el cerebro es biológicamente especial con respecto al resto del cuerpo. La conclusión fue que sí, debido al cableado de conexiones sinápticas entre neuronas. El cerebro es la única parte del cuerpo que tiene sus células conectadas por cables, por axones. Y todo este entramado se arma durante la fase del desarrollo, que llamamos *navegación axonal*. También fue Cajal el primero en postularlo. En esta fase, las neuronas ya están cada una en el sitio que les corresponde y empiezan a hacer crecer sus axones, que se alargan, crecen y crecen, y van navegando por el sistema nervioso hasta encontrar el sitio dónde conectarse. Cajal nos dio la pista de cómo ocurre esto. Descubrió que en la punta de los axones de las neuronas en desarrollo se encuentra una estructura muy peculiar, a la que llamó *«cono axonal»* o cono de crecimiento del axón. Se parece mucho a una mano con dedos en continuo movimiento que van tocando, oliendo o hurgando el tejido, mientras el axón, equivalente del brazo, va creciendo. Estos conos de crecimiento son como la cabina de mando del axón y tienen receptores que van leyendo este GPS molecular del que hemos hablado. Estos receptores se unen a moléculas de neuronas de distinto tipo que tienen en su superficie, y de esta manera van reconociendo a quien se encuentran.

NAVEGAR POR EL CEREBRO, POCO A POCO

Esta navegación axonal es otra cosa asombrosa, algo que nos deja con la boca abierta, si es que no lo estamos ya desde hace rato. Para poner en contexto por qué es asombroso, por dar un ejemplo, basta decir que tenemos neuronas en la corteza cerebral motora, cuyos axones pueden tener más de un metro de longitud, que se conectan de una manera absolutamente específica con otras neuronas en la parte inferior de la médula espinal. En la médula contactan con sus neuronas compinches, pero no con las vecinas que están justo al lado. Debemos pensar que las neuronas tienen un cuerpo celular muy pequeñito, alrededor de treinta micrones de diámetro, así que se ha mandado un axón de un metro y se han conectado con una precisión de treinta micrones. Si hacemos cálculos, esto sería análogo a una persona que alargase su brazo a más de 120 kilómetros de longitud y que mandase ese brazo, con la mano hurgándolo todo, para que fuese navegando hasta llegar a una ciudad determinada, encontrar una calle concreta y subir a un piso determinado para darle la mano a una persona con nombres y apellidos, en vez de a la de al lado.

Esta precisión es absolutamente increíble. ¿Cómo pueden las neuronas hacer algo así y llegar a estrechar la mano a ese colega que vive a 120 kilómetros de distancia? Pues utilizando este reconocimiento molecular de los conos de crecimiento. Es la misma estrategia que utilizamos los humanos cuando tenemos que viajar 120 kilómetros para encontrarnos con nuestros amigos. El truco es partir el viaje en etapas. Hay que salir de casa, salir del barrio, de la ciudad, encontrar la carretera a la ciudad donde vive tu amigo, llegar a su barrio, encontrar su calle, su portal y subir a su piso. Estas decisiones las tomamos de una manera secuencial, con una serie de instrucciones que, si las seguimos fielmente, nos permiten llegar al destino sin perdernos. Es lo mismo que ocurre cuando encendemos el GPS del coche: el truco es partir el viaje en etapas.

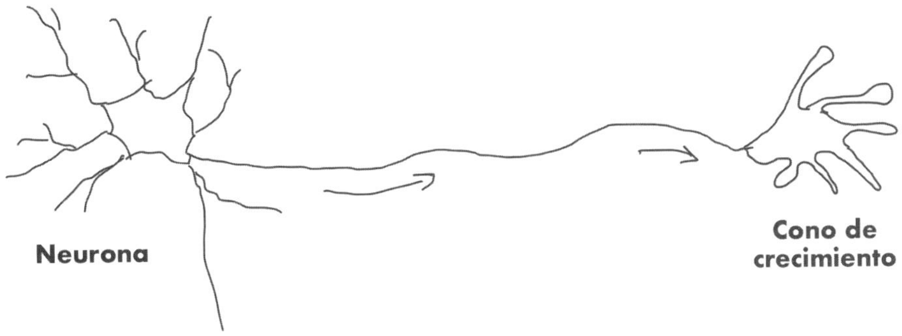

Figura 5.2. El cono de crecimiento es como la mano del axón, que navega por el sistema nervioso embrionario buscando dónde conectarse.

Pues los conos de crecimiento axonales de Cajal hacen lo mismo. Navegan en el sistema nervioso durante el desarrollo, etapa por etapa, buscando y reconociendo hitos moleculares y, al llegar a estos puntos intermedios, giran, toman el próximo rumbo y buscan el siguiente hito para completar la siguiente etapa. Y así, de una manera independiente, sin que haya nadie dirigiendo el tráfico, los axones de todas las neuronas encuentran las neuronas con que tienen que conectarse y formar sinapsis.

LA SINAPTOGÉNESIS: EL BAILE ENTRE AXONES Y DENDRITAS

Démonos un respiro y descansemos: ya tenemos todas las neuronas y todos los axones en el sitio adecuado. Pero todavía no hemos acabado con el desarrollo del sistema nervioso. ¿Qué ocurre entonces? Pues, de alguna manera, los conos de crecimiento, al reconocer molecularmente las dendritas de la neurona a la que quieren conectarse, se transforman en terminal sináptica y se crea la sinapsis, que ya conocemos desde el capítulo 3. A este proceso lo denominamos *sinaptogénesis*. Aquí comienza una fase de desarrollo del sistema nervioso en que la actividad neuronal empieza a tener cada vez más importancia. Todo lo que ha ocurrido hasta ahora es muy posible que esté determinado genéticamente, tanto de forma directa como indirecta.

La sinaptogénesis es un baile entre el axón y la dendrita. Ambos se mandan señales moleculares de ida y vuelta, como si estuvieran bailando una canción lenta. Poco a poco, en un proceso gradual, construyen entre los dos las sinapsis maduras, con todas sus partes y toda la precisión nanométrica de la que hemos hablado antes. Ahora ya podemos respirar: tenemos el cerebro formado, armado, diferenciado, con todas sus neuronas en su sitio, con todos los axones bien colocados y todas las sinapsis formadas.

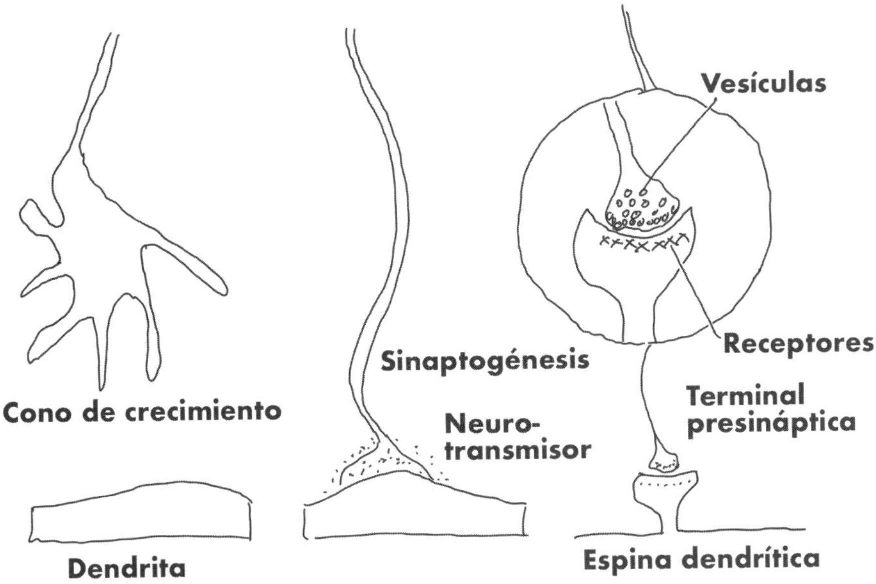

Figura 5.3. En la sinaptogénesis, el cono de crecimiento encuentra a su pareja y forman juntos la sinapsis.

LA MUERTE DE LA MAYORÍA DE LAS NEURONAS

Llegados a este momento, ocurre uno de los procesos más misteriosos del sistema nervioso. Fue descubierto por el alemán Viktor Hamburger, precisamente discípulo de Spemann, y su tesis fue calificada como *summa cum laude*. A pesar de sus logros académicos, Hamburger, de origen judío, fue expulsado de la Universidad de Friburgo por su rector, el famoso filósofo Martin Heidegger, una acción racista absolutamente execrable para un gran pensador como él. Viktor escapó del nazismo y acabó en San Luis, en mitad de Estados Unidos, de donde ya no se movería el resto de su vida. Hamburger estaba muy interesado en cómo se desarrollan los circuitos de la médula espinal y se dedicó a contar el número de neuronas que había en distintos momentos del desarrollo. No se puede imaginar un experimento más aburrido, pero lo que encontró demuestra que en ciencia hay que ser absolutamente meticuloso. Los resultados fueron sorprendentes, otro momento para quedarse con la boca abierta: ¡los embriones de pollo que estudiaba tenían muchas más neuronas al comienzo del desarrollo que al final! Es decir, la mitad de las neuronas de la médula espinal desaparecían durante el desarrollo. Repitió estos experimentos una y otra vez, pero siempre se confirmaban.

Después de darle muchas vueltas al asunto, propuso la idea de que estas neuronas estaban todas destinadas a morir, pero algunas de ellas sobrevivían gracias a unos factores de crecimiento que eran secretados por los músculos con los que tenían que conectarse para sobrevivir. Lo denominó *«hipótesis neurotrófica»*, del griego *trophos*, que significa 'comida' o 'nutrición', como si las neuronas necesitasen una señal trófica para poder sobrevivir, al igual que las plantas necesitan el agua. Una hipótesis más bien pesimista del desarrollo, quizá influida por los acontecimientos nefastos en Alemania y la guerra mundial.

DESCUBRIMIENTO DE LOS FACTORES TRÓFICOS POR SERENDIPIA

Sin embargo, dicha hipótesis fue demostrada por una discípula suya, Rita Levi-Montalcini, una judía italiana que también tuvo que huir de los nazis y esconderse en un sótano en una casa de campo durante la guerra, donde siguió haciendo experimentos como si nada. Levi-Montalcini, junto con otro discípulo de Hamburger, el norteamericano Stanley Cohen, también judío, descubrió y pudo aislar la primera molécula neurotrófica, a la que denominaron «factor de crecimiento nervioso» (*nerve growth factor* o NGF, en inglés). Pero fue todo por pura suerte. Serendipia. El NGF es una proteína que, cuando se añadía a los cultivos de neuronas embrionarias, hacía que estas creciesen y mandasen axones por todas partes. Para purificar la proteína de cerebros de animales en desarrollo necesitaban enzimas muy potentes, que pudieran digerir los tejidos de los cuales querían extraerla. Una fuente tradicionalmente muy buena de enzimas que digieren tejidos son las glándulas salivares de las serpientes venenosas, pues el veneno de las serpientes tiene un montón de toxinas, todas dañinas, que trituran químicamente el tejido de su pobre presa. Pues bien, al aplicar el extracto de glándula de serpiente, se dieron cuenta de que las neuronas en cultivo sorprendentemente crecían, mandaban axones y se desarrollaban como nunca habían visto antes. Parecía que las hubiesen regado. Como un crecepelo. Resulta que, por razones que todavía se desconocen, las glándulas salivales de la serpiente tienen una concentración altísima de NGF. Así, dieron en el clavo absolutamente por azar. Ambos se llevaron el Premio Nobel, aunque sorprendentemente no fue incluido Hamburger, que siguió trabajando como si nada, contando sus neuronitas en los embriones de pollo durante décadas. Imperturbable. Como Kant.

Muchos experimentos posteriores demostraron que el hallazgo de Hamburger aparece en todas partes del sistema nervioso. Es un principio general. Aunque no haya trabajos tan meticulosos como el suyo, parece que incluso en nuestra corteza cerebral perdemos más de la mitad de las neuronas durante nuestro desarrollo. Además del NGF, se han descubierto muchas más neurotrofinas que rescatan de la muerte celular neuronas de distintas partes del cerebro. La hipótesis neurotrófica se ha confirmado, y demuestra que la naturaleza construye el cerebro como si fuera una escultura: empieza a trabajar con una masa de neuronas mucho mayor de la que necesita y después va quitando las que sobran hasta quedarse con la escultura final. La forma en que se secretan las neurotrofinas depende de la actividad neuronal. Si el animal se desarrolla en un ambiente en el que se estimula la actividad neuronal, tanto intrauterino como fuera del útero, se secretan neurotrofinas, las neuronas son rescatadas y sobreviven. Pero, si no hay actividad y las neuronas vaguean, pues no les ha tocado la lotería de las neurotrofinas, mueren. Con este modelado escultórico del cerebro, en que se elimina lo que sobra, la evolución se asegura que esté adaptado de manera fiel y precisa al ambiente en el cual se está desarrollando. Si lo pensamos bien, esta estrategia de las neurotrofinas es una manera muy inteligente de conseguir que las distintas partes del cerebro se adapten al cuerpo del animal, sin tener que ajustar *a posteriori* el número de neuronas para que inerven el número de músculos determinado, si se ha pasado fabricando neuronas o faltan. Con las neurotrofinas, todo esto se ajusta solo.

LA COMPETENCIA A MUERTE POR CONECTARSE

Hace ya un siglo, en Madrid, otro brillante discípulo de Cajal ya había pensado que la construcción del cerebro sucede a base de eliminar las cosas que sobran. Se llamaba Fernando Tello y estaba obsesionado con el desarrollo de la sinapsis entre las neuronas de la médula espinal y los músculos. Astutamente, Tello se dio cuenta de algo muy curioso: al comienzo del desarrollo, cada músculo está inervado por muchas neuronas, y cada neurona a su vez inerva muchos músculos. Sin embargo, al final del desarrollo, cada músculo está inervado solo por una neurona, ni más ni menos. ¡Vaya rompecabezas! Tello dedujo correctamente que hay una eliminación enorme de conexiones neuronales, y aventuró la hipótesis de que esto ocurre porque hay una competición a muerte entre las conexiones que vienen de distintas neuronas. Al comienzo, cada músculo recibe inervación de varias neuronas distintas, que compiten entre sí para quedarse con el músculo. Y, como en el juego de las sillas, unas neuronas ganan la batalla y se quedan con el músculo, mientras que otras se quedan en el aire y se eliminan sus conexiones. Es como si la naturaleza utilizase unas tijeras de podar para ir

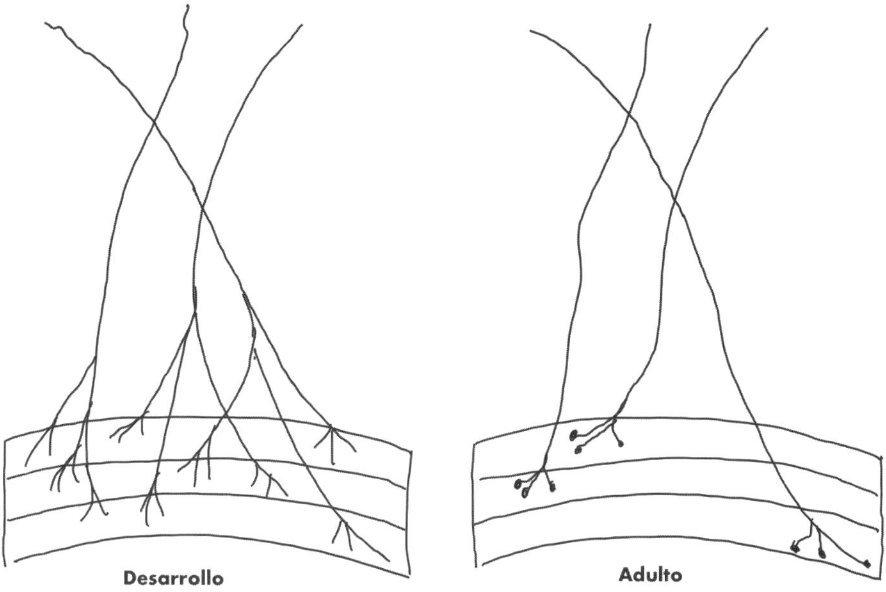

Figura 5.4. Durante el desarrollo del músculo, cada axón inerva varias fibras musculares. Pero, en el adulto, los axones que tienen más actividad se quedan con el territorio inervado, expulsando a los otros axones.

cortando las conexiones de las neuronas perdedoras. Pero las perdedoras posiblemente ganan otras batallas en otros músculos y así, más o menos, todos tan contentos.

Tello descubrió un fenómeno que ocurre de manera generalizada en todo el sistema nervioso durante el desarrollo. La «poda» de conexiones y de sus sinapsis correspondientes es enorme. En los seres humanos, se calcula que más de la mitad de las conexiones de la corteza del cerebro se pierden durante la infancia. ¡Vaya corte de pelo! Por lo que sabemos, las conexiones que ganan son las más activas. Aquí tenemos otra vez la misma idea de los experimentos de Hamburger: la actividad neuronal protege las neuronas y sus conexiones, permitiendo que sobrevivan, mientras que las neuronas o conexiones que no se utilizan decaen. Se usan o se pierden, bien porque se elimina la neurona directamente, bien porque, si la neurona sobrevive, se eliminan las conexiones que no sirven. Esta es una de las lecciones más importantes que hemos aprendido hasta ahora: el cerebro se desarrolla al revés, en vez de construir la casa poco a poco, se hace un edificio entero mucho mayor y después se van eliminando todos los pisos y las habitaciones innecesarios. La actividad neuronal es la que lo elimina todo, y depende tanto de las cosas que ocurren dentro del cerebro como de las que ocurren fuera, en el entorno en el que vivimos.

EL PERIODO CRÍTICO DEL DESARROLLO DEL CEREBRO

El papel de la actividad neuronal de podar y moldear el cerebro en desarrollo y sus conexiones se extiende también a las etapas posnatales, en que tiene mucha importancia. Fueron precisamente dos biznietos científicos de Sherrington, mi director de tesis y maestro sueco Torsten Wiesel y el ya fallecido canadiense David Hubel, quienes descubrieron que hay un periodo durante el desarrollo posnatal de los mamíferos en el que la actividad sensorial poda y refina las conexiones de la corteza visual. Lo denominaron «periodo crítico del desarrollo» porque lo que ocurre en esta etapa determina la estructura y el funcionamiento del cerebro adulto. Cuando pasa el periodo crítico, todo queda solidificado, ya prácticamente no se cambia nada. Esto lo descubrieron haciendo experimentos ingeniosos: taparon un solo ojo a crías de gato y observaron cómo se desarrollaba su sistema visual según crecían los animales. Se dieron cuenta de algo muy parecido a lo de Tello: al comienzo del desarrollo, las neuronas de los dos ojos mandan conexiones que inervan los mismos territorios de la corteza visual, compitiendo entre sí para quedarse con esos territorios. Pero, al final del periodo crítico, hay territorios que pertenecen solo a un ojo o al otro. Hay una pelea, una competición, con un ojo que gana y otro que pierde. En un animal normal, esta pelea se dirime de una manera equitativa y, al final, la mitad de la corteza visual queda dominada por un ojo, y la otra mitad, por otro. Esta competición sana sirve para construir el sistema visual de una manera precisa, sin necesidad de un arquitecto o capataz de obra controlándolo todo.

Pero, si la actividad neuronal generada por estímulos sensoriales es anormal durante el periodo crítico, el sistema visual se desarrolla mal y se cristaliza en una configuración anormal, con lo que el animal no vuelve a poder ver bien, y se queda ciego. Esto lo descubrieron al tapar uno de los dos ojos durante el periodo crítico. Las neuronas visuales del ojo tapado quedan inactivas, lo que provoca la pérdida de todas sus peleas en la corteza, y el animal termina ciego de ese ojo; para el resto de su vida, solo puede ver por el ojo que estaba destapado. Precisamente por estos experimentos de Wiesel y Hubel, se ponen parches a los ojos de niños que tienen estrabismo, que son bizcos. En el estrabismo, hay un ojo más fuerte que el otro. Si no se tapa el ojo dominante con un parche durante el periodo crítico, se corre el riesgo de que este ojo expulse del cerebro al ojo flojo y se pierda la visión de este para siempre. Pero, si se pone un parche cuidadosamente en el ojo dominante, inactivándolo, se puede conseguir que el ojo débil sobreviva al periodo crítico, que dura un par de años. Así se mantiene la inervación de los dos ojos en la corteza, y el niño podrá utilizarlos ambos en el futuro.

PERIODOS CRÍTICOS PARA TODO

Los periodos críticos ocurren en la etapa posnatal en los humanos. Hay periodos críticos para todo, no solo para la visión, sino también para la audición, para el tono musical, hablar, andar, incluso para hacer cosas más complejas, como relacionarse con otras personas. Los periodos críticos ocurren también en muchos animales y parece un fenómeno generalizado. Es como una ventana de tiempo durante la cual la naturaleza da los últimos retoques al sistema nervioso del animal, antes de mandarlo al mundo para que se valga por sí mismo. Es la última oportunidad de realizar cambios significativos en la estructura y función del cerebro, como la última vuelta en las competiciones de atletismo de unas olimpiadas. Una vez que se cierra el periodo crítico, el cerebro se estabiliza y cristaliza tanto en su forma como en su función, por lo que será muy difícil cambiarlo. Cajal hablaba del «mortero cerebral» que se solidifica, una metáfora bastante verídica porque el cerebro se cubre de mielina y se vuelve más sólido, lo cual hace más difícil el cambio. Por eso es muchísimo más fácil aprender de niño que de mayor, y mandamos a los niños a la escuela y no a los adultos, porque su periodo crítico se ha cerrado ya. Un ejemplo sería el aprendizaje de idiomas extranjeros. Tenemos un periodo crítico para aprender idiomas que se cierra alrededor de los ocho o diez años, por eso es más difícil aprender un idioma extranjero cuando somos mayores.

¿POR QUÉ NO SEGUIMOS SIENDO NIÑOS?

Que se haya cerrado el periodo crítico no significa que el cerebro ya no pueda aprender nada nuevo. Por supuesto que sí, pero el aprendizaje que tenemos de adultos es muy reducido comparado con lo que aprendemos de niños. Como veremos más adelante, en el capítulo 7, el aprendizaje de los adultos depende también de la actividad neuronal y permite conectar conjuntos neuronales distintos para guardar información nueva, conectar ideas entre sí o realizar nuevas tareas. Por qué se cierran los periodos críticos es un misterio. ¿Por qué la naturaleza no los deja abiertos durante el resto de la vida? ¿No sería mejor seguir aprendiendo cosas toda la vida, como los niños? Una posibilidad sería que dejar los periodos críticos abiertos no sea bueno. Es posible que esto desestabilice el mapa de los atractores que reflejan el mundo, con el que está construido nuestro modelo del mundo y del que ya hemos hablado antes. Si estuviésemos continuamente cambiándolo, sería un mapa, un modelo, muy lábil, muy endeble, podría alterarse fácilmente y traer consecuencias negativas en el comportamiento del animal.

Esta idea es una de las que podrían explicar la esquizofrenia y otras enfermedades mentales en las que, de hecho, hay un déficit en la poda de las conexiones neuronales durante el desarrollo. En estos pacientes, el modelo del mundo no se corresponde muchas veces con el exterior, lo que lleva a comportamientos inapropiados que calificamos de locura. Pero su comportamiento, aunque no encaje con lo que está ocurriendo fuera, sí encaja perfectamente con su modelo del mundo. Solo que el mundo en el que viven está dentro de su cabeza. Es posible que la esquizofrenia sea el precio que hemos pagado los seres humanos por tener un cerebro tan gigantesco, con tantos mapas de atractores. Gracias a los periodos críticos, en la mayoría de las personas, los mapas y el modelo del mundo funcionan de miedo, pero hay algunos casos, algunas excepciones, en que hay una poda escasa de conexiones, y esto podría dar lugar a la locura.

En suma

El desarrollo del cerebro es una historia de construcción y destrucción. Ocurre de una manera gradual, con un *ballet* molecular al comienzo, que se va desplegando como si fuese una flor en primavera. Una vez que está todo desplegado, el cerebro con todas sus partes, neuronas y conexiones, llega la madre naturaleza con sus tijeras de podar para eliminar todo lo que sobra, las neuronas y las conexiones que no se utilizan. Estas tijeras son la actividad neuronal, que refleja directamente el entorno sensorial en el cual se desarrolla el animal. Al final del periodo crítico, la naturaleza deja las tijeras a un lado, acaba su obra y nos manda al mundo para que nos busquemos la vida con el cerebro recién cristalizado, por estrenar, como un traje nuevo que se adapta a la perfección a nuestro cuerpo y al exterior. Y, por razones misteriosas, la naturaleza no nos deja continuar con el aprendizaje desmesurado que tenemos de niños.

Capítulo 6

Ajustar el teatro del mundo a la realidad con los sentidos

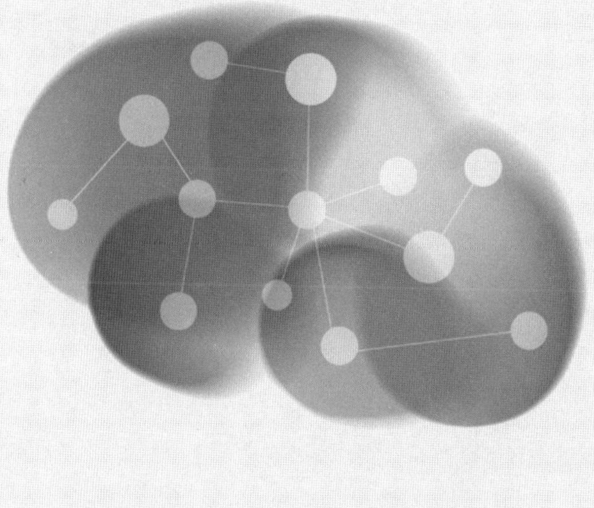

Hemos llegado a un punto en el que ya tenemos más o menos una idea de cómo funciona el sistema nervioso. Ahora vamos a examinar cómo este modelo del mundo que fabrica el cerebro se ajusta a la realidad de una manera tan fiel que muchas veces lo confundimos con ella y creemos que lo que pensamos del mundo *es* realmente el mundo. Este ajuste entre nuestra idea del mundo y el mundo exterior se lleva a cabo con los sentidos. Nos vamos a adentrar en los cinco sentidos: la vista, el oído, el tacto, el gusto y el olfato. Caminaremos por un terreno relativamente firme: a pesar de nuestro enorme desconocimiento de la función del sistema nervioso, conocemos un poco mejor los órganos sensoriales ya que, al estar localizados en el exterior del cuerpo y poder estimularlos experimentalmente en el laboratorio, son más fáciles de estudiar. Este hecho ha sido aprovechado por varias generaciones de investigadores, entre los que me encuentro, que hemos entrado hasta el fondo del desván de los sentidos, un trabajo acumulado que ha dado lugar a conclusiones relativamente sólidas sobre cómo funcionan estos.

LOS SENTIDOS LLEGAN A LOS LÍMITES DE LA FÍSICA

En este trabajo conjunto, intergeneracional, hemos aprendido que los cinco sentidos funcionan de una manera increíblemente precisa: están optimizados por la evolución hasta el límite físico de la detección. ¡Es increíble! Por ejemplo, el ojo humano puede detectar fotones individuales de luz, y no hay luz más débil que la de un fotón individual. Lo mismo ocurre con el oído, el olfato e incluso el tacto: todos los sentidos detectan las cantidades más pequeñas posibles de energía de los estímulos sensoriales. Es evidente que esto no es una casualidad, sino que demuestra que la evolución lleva cientos de millones de años perfeccionando el sistema nervioso, hasta el límite de lo posible según las leyes de la física. Esto también implica que, si la parte sensorial del sistema nervioso es tan precisa y está tan pulida por la evolución, los circuitos cerebrales que analizan esta información sensorial tienen que ser también increíblemente precisos. No tendría ningún sentido medir los estímulos sensoriales externos con tanto detalle si después no se utilizase esa información de una manera igual de detallada. La precisión de los sentidos es un aperitivo de lo que nos encontraremos cuando consigamos descifrar los circuitos neuronales del cerebro.

LA PERCEPCIÓN SENSORIAL SE GENERA INTERNAMENTE

Además de esta gran precisión, otra cosa común a todos los sentidos es que las sensaciones que generan, es decir, la percepción sensorial, están en gran medida construidas por el cerebro. Lo hemos comentado antes. En este capítulo descubriremos que, lo que vemos, lo que oímos, tocamos y olemos es algo que generamos nosotros mismos, lo tenemos ya dentro; nuestros sentidos despiertan conjuntos neuronales internos ya existentes, que codifican estos estímulos externos. Como hemos comentado, esta idea ya existía en el idealismo trascendental de Kant, que a su vez refleja las ideas de Platón y su mito de la caverna. Lo que percibimos de este mundo no es la realidad, sino un reflejo interno de la realidad que tenemos fuera. Pero, directamente relacionado con esta idea es el descubrimiento de que los sentidos no miden todo lo que hay fuera, sino solo ciertas cosas, y rechazan la mayor parte de la información que viene del exterior. Son muy selectivos, y las propiedades del mundo exterior que miden son aquellas que importan para nuestro futuro evolutivo, al maximizar las posibilidades de supervivencia y de reproducción del organismo. Veremos que la evolución no quiere ganar una medalla olímpica de oro diseñando una serie de órganos sensoriales que midan el mundo de una manera completa, sino que se dedica a utilizar los sentidos para ayudarnos a vivir de una manera más efectiva y poder competir mejor con los otros animales y especies. Todo, en biología, es en realidad resultado de un proceso competitivo.

LOS SENTIDOS MIDEN LOS CAMBIOS EN EL MUNDO

Estas mediciones precisas y selectivas realizadas por los sentidos nos ayudan a mejorar el modelo predictivo del mundo. Si se quiere predecir el futuro con una máquina, es crucial que esta máquina se ajuste con fidelidad y rapidez a lo que está ocurriendo fuera. Pero no solo se tiene que medir lo que ocurre fuera, sino que también es muy importante medir cómo cambia lo de fuera. Si el exterior no cambiase, no necesitaríamos retocar nuestro modelo del mundo, pero, si empieza a cambiar el exterior, entonces hay que retocar el modelo interior de inmediato para poder seguir la cuerda de la realidad externa, y continuar prediciendo con éxito lo que va a ocurrir. En otras palabras, al cerebro no le interesa medir el mundo exterior de por sí, sino solo medir cómo cambia.

Por ello, lo que hacen todos los sentidos es medir lo que llamamos «contraste sensorial», los cambios en la información que viene del exterior; definido de una manera matemática, es el cambio en una variable dividido por la magnitud de la variable. El contraste mide cuánto cambian las cosas comparadas con como estaban, como si fuese un porcentaje de cambio. Si cambia todo, el contraste es uno (es decir, del cien por cien) y si no cambia nada, el contraste es cero. Precisamente, este contraste es lo que codifican las neuronas que reciben la información sensorial, y es esa la información que mandan al resto del cerebro para que vaya ajustando el modelo del mundo. Aunque parezca rebuscado medir el contraste de las cosas, bien pensado es algo completamente lógico.

LA VISIÓN MIDE LOS OBJETOS A DISTANCIA

Empezamos entonces con la visión. La vista es quizá el más importante de nuestros sentidos. Como típicos primates del viejo mundo, descendientes de monos arborícolas en las sabanas de África, somos animales visuales. Se estima que la información que nos llega por los ojos constituye mucho más de la mitad de toda la información sensorial que recibimos del exterior. La retina captura los fotones de luz y genera un torrente de información que nos llega a la corteza visual, con la que vemos el mundo exterior o, más bien, construimos un modelo visual del mundo exterior y lo organizamos en precisos mapas visuales. La visión es en esencia instantánea, ya que la velocidad de la luz es altísima (300.000 kilómetros por segundo), y nos permite medir de golpe y a distancia, sin tocarlos, todos los objetos externos: su forma y tamaño, su distancia de nosotros, sus propiedades físicas e incluso también su color, que, como veremos, refleja las propiedades químicas de las superficies de los objetos. Nuestra vista se adapta a la perfección a las condiciones de luz ambientales del entorno, pudiendo detectar objetos tanto en condiciones de mucha iluminación como en condiciones de mínima iluminación y penumbra.

De hecho, como ya hemos avanzado, los humanos podemos detectar fotones individuales, que son la mínima unidad de energía lumínica. Este experimento se hizo precisamente en un laboratorio del edificio que tengo justo frente a la ventana de mi despacho, en el Departamento de Física de la Universidad de Columbia, durante los años cuarenta. Tres investigadores construyeron un aparato que generaba luces muy tenues y, jugando con él, se sometieron a sí mismos a pruebas de detección de luz: encendían el aparato y tenían que apretar un botón cuando ellos pensaban que habían visto la luz, a ver quién podía detectar la luz más tenue. Para su sorpresa, descubrieron que los tres podían detectar flujos lumínicos tan pequeños que calcularon que se correspondían con la absorción de fotones individuales por las células de la retina. Un trabajo riguroso, elegantísimo y de mucha profundidad científica. Lo que más me impresiona de este experimento no es que las células de la retina puedan detectar fotones individuales, que ya es un prodigio biofísico de la naturaleza, sino que esa señal tan tenue sea mandada al cerebro eficientemente e interpretada correctamente por el sujeto como luz emitida, apretando el botón. Eso confirma lo que ya sospechábamos: que la parte de arriba del sistema nervioso, el cerebro,

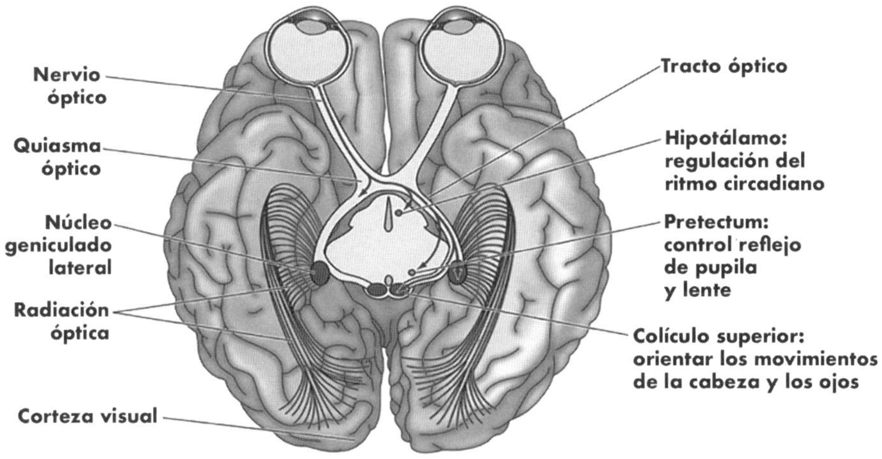

Figura 6.1. El sistema visual está perfectamente organizado y lleva información óptica desde la retina a la corteza del cerebro.

tiene que ser tan precisa como la de abajo, los circuitos sensoriales, pues su optimización debe ser increíble para poder utilizar la información tan precisa que viene de estos.

LA RETINA MIDE EL CONTRASTE VISUAL DE LOS OBJETOS

Además de tener una sensibilidad increíble a los fotones, el sistema visual genera abstracciones del mundo exterior. Me explico. Las células de la retina miden la luz, pero lo que en realidad hacen es comparar la luz que llega por la zona central del mundo que están midiendo con la luz que llega por la periferia de esa zona. Es decir, miden la luz que viene de un objeto y la comparan con la luz que le rodea. Están computando contraste lumínico y calculándolo en el espacio, comparando centro con periferia. Esto lo descubrió el húngaro Stephen Kuffler, que también acabó en Estados Unidos huyendo del nazismo y además fue mi abuelo científico, bisnieto científi-

CONTRASTE LUMÍNICO

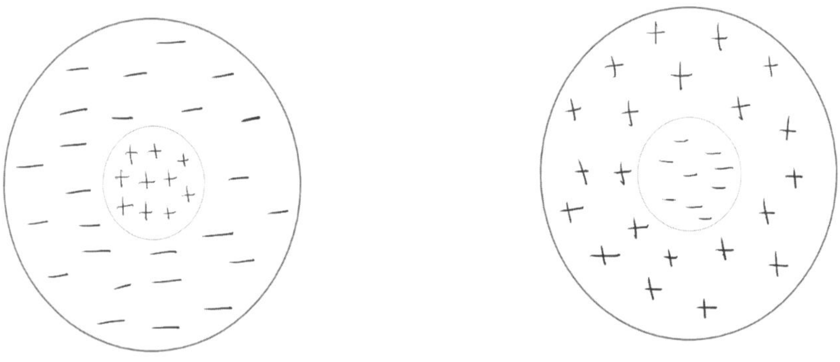

Centro ON, periferia OFF **Centro OFF, periferia ON**

Figura 6.2. Las células de la retina miden la diferencia en la luz del centro y la periferia de un objeto.

co de Sherrington. Al estudiar las células de la retina, encontró algo que no se esperaba nadie. Observó que, si ponía un animal delante de un lienzo en blanco o una imagen sin contraste lumínico, ¡las células de la retina no se disparaban! Si un objeto no tiene contraste de luz, las neuronas de la retina no lo ven. Kuffler concluyó que la retina ignora la información visual homogénea, únicamente mide los cambios de luz. En vez de medir toda la luz que nos llega, solo escogemos una parte, los cambios en la luz de una manera determinada, y tiramos toda la demás información. El contraste lumínico lo podemos describir como una abstracción de la realidad, un concepto o una computación que sobreponemos a la realidad. El contraste es, por tanto, una creación interna, basada por supuesto en el exterior, pero una abstracción al fin y al cabo.

LA CORTEZA VISUAL DIBUJA LOS OBJETOS

Pero la historia de la abstracción y el contraste en el sistema visual no acaba aquí. Al otro lado del Atlántico, Kuffler entrenó en su laboratorio a dos médicos que ya hemos conocido: Hubel y Wiesel. Por si fuera poco, además de descubrir los periodos críticos del desarrollo del cerebro, estos dos abrieron el camino en los estudios de la función de la corteza cerebral. Ambos, también tirando a rebeldes, empezaron a hacer sus pinitos con Kuffler, pero, cansados de hacer los mismos experimentos retinianos tan aburridos que hacía su maestro, llevaron los electrodos a la corteza visual del cerebro. Sin embargo, pagaron el pato y pasaron varios meses frustrantes en los que no pudieron encontrar ningún estímulo visual que estimulase las neuronas de la corteza visual. Si ponían enfrente del animal las imágenes que utilizaba su maestro para la retina, no ocurría nada, ¡como si la corteza visual no las viera! Hasta que un día sonó la flauta.

Hubel y Wiesel se dieron cuenta de forma azarosa de que un movimiento brusco del proyector de imágenes activaba de una manera muy eficiente las células de la corteza visual del cerebro que estaban registrando. Cuando repitieron el movimiento brusco del proyector, notaron que se movía una barra negra por la pantalla, que era la sombra del borde de la diapositiva, y cuando eso ocurría, las células de la corteza se volvían locas disparando potenciales de acción. ¡A las neuronas de la corteza les encantaban las barritas negras! Así, descubrieron que las células de la corteza visual no responden a los objetos, sino a los bordes de los objetos, como si fuese el trazo en un dibujo. Para identificar los objetos, las células de la corteza cortical miden solo sus bordes. Es como si trazáramos con un rotulador el borde de cada cosa que miramos e ignorásemos su interior. Esto es otro tipo de contraste, el cambio en la intensidad de la luz donde se acaban los objetos. Es decir que, utilizando esta información abstracta generada por las células de la retina, el

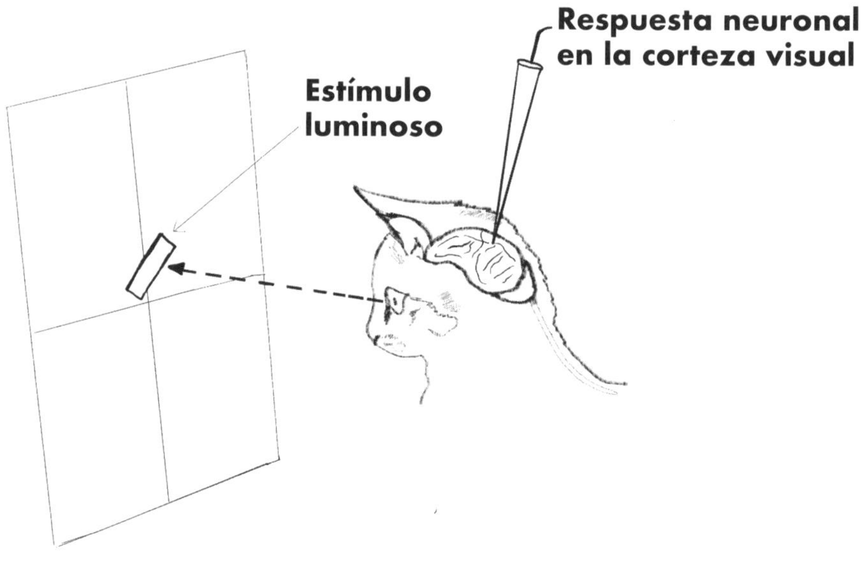

Figura 6.3. Las neuronas en la corteza visual responden a los bordes de las cosas.

cerebro a su vez construye otra abstracción adicional sobre la realidad, un dibujo mental del objeto. Si se piensa bien, tiene todo el sentido del mundo, porque cada objeto se puede identificar por su dibujo. Sin embargo, nadie se lo esperaba y se descubrió por puro azar.

EL CEREBRO GENERA ABSTRACCIONES JERÁRQUICAS

Este descubrimiento de Hubel y Wiesel puso patas arriba dos mil años de especulaciones y teorías sobre cómo funciona la visión, y demostró la importancia de experimentar con el sistema que se quiere entender, en vez de elucubrar sobre el asunto sentado en un sillón. Fue un experimento fundamental, que abrió camino y marcó una época. Ambos ganaron sendos Premios Nobel por ello, aunque yo creo que se merecían otro más por lo del periodo crítico. La razón por la que este experimento ha tenido una importancia tan grande en la neurociencia es porque demuestra que el cerebro mide particularidades específicas del mundo con gran precisión, construye abstracciones de la realidad de una manera jerárquica, con respuestas cada vez más específicas.

Del mismo modo que la retina mide el contraste de la luz, la corteza visual mide los bordes de los objetos. Es otra abstracción, pero más sofisticada. Evidentemente, los bordes tienen una correspondencia directa con la realidad, pero un objeto es mucho más que un borde. Un dibujo de un objeto no es lo mismo que el objeto. Sin embargo, para el cerebro parece que los bordes es lo único que importa, el resto dc la información visual del objeto no se utiliza. Prácticamente todas las neuronas de la corteza visual responden a los bordes de los objetos y no a su interior. Es difícil de creer, pero, si ponemos una imagen uniforme delante de los ojos y registramos la actividad de la corteza visual, las neuronas no se activan. En cambio, si movemos la imagen y ponemos su borde delante de los ojos, las neuronas no paran de disparar.

EL SISTEMA VISUAL ES UNA RED NEURONAL

Pero ¿qué hace el cerebro con toda la información sobre los bordes de los objetos? Pues sigue jugando al juego de las abstracciones de una manera jerárquica, construyendo respuestas cada vez más escogidas de la realidad. Por eso el descubrimiento de Hubel y Wiesel fue tan pionero. Por ejemplo, si subimos desde la corteza visual a otras partes de la corteza en el lóbulo temporal del cerebro, encontraremos neuronas que responden a objetos determinados, como a caras de personas concretas. Hace poco, se registró una neurona en un paciente que respondía a la cara del presidente Clinton, y otra que respondía a la de la actriz Jennifer Anniston. Posiblemente, detectamos la cara de la gente combinando de una manera específica la información que llega de los bordes de todos esos rostros, como hacen los perceptrones en las redes neuronales profundas de Facebook. Es lo mismo, pues el cerebro es una red neuronal. Por eso los perceptrones pueden detectar objetos, ¡funcionan igual! Así, cuanto más ascendemos en el sistema visual del cerebro, más específica es la detección de todos los objetos del mundo.

Parece que en el lóbulo temporal tenemos un archivo de todos los objetos que hemos visto. Es un diccionario mental de todas las cosas del mundo. En el lóbulo parietal tenemos otro diccionario visual de la posición y movimientos de todas estas cosas, incluido nuestro propio cuerpo. Las neuronas del lóbulo parietal también reciben la información de los bordes de los objetos, pero solo están interesadas en cómo dichos bordes cambian en el tiempo y en el espacio. Detectan posición y movimiento. Es decir que contamos con dos diccionarios visuales del mundo, llenos de mapas de todos los objetos y de todos sus movimientos.

Si reflexionamos sobre estas transformaciones de la información visual del exterior hasta dentro del cerebro, veremos que la evolución no nos ha diseñado para que lo veamos todo, sino para que veamos las cosas que nos interesan, que son los objetos que se mueven. No perdemos el tiempo midiendo, por ejemplo, lo que ocurre dentro de los objetos, sino que queremos detectarlos de una manera rápida y eficiente, ver dónde están y hacia dónde van. Estos resultados demuestran experimentalmente las hipótesis de Kant sobre la percepción: que esta está construida con categorías mentales que ya tenemos dentro del cerebro.

EL CEREBRO A VECES SE INVENTA LA REALIDAD

Pues bien, el hecho de que la percepción está construida por nosotros mismos se ve muy claramente en el punto ciego de la retina. Cada una de nuestras dos retinas tiene un lugar por donde salen los axones de sus neuronas, por esa razón en ese punto no hay fotorreceptores, es un área ciega donde no se puede ver. Es decir, hay una parte del mundo exterior que no podemos ver. Pero, cuando miramos al exterior, no vemos un hueco ahí en medio, sino que vemos toda una imagen continua. Esto ocurre porque tenemos dos ojos y ambos están alineados de tal manera que los dos puntos ciegos de los ojos no coinciden en el mismo sitio de la imagen exterior: la parte de la imagen que está enfocada en el punto ciego de un ojo se enfoca en el otro ojo en una zona que sí que tiene fotorreceptores, por eso vemos perfectamente con uno de los dos ojos. Sin embargo, unos investigadores astutos se dieron cuenta de esto y diseñaron una ilusión óptica que todos podemos hacer en casa. Si nos tapamos un ojo y ponemos un objeto, por ejemplo, la punta del dedo, en la posición del punto ciego del ojo abierto, el objeto desaparece. Si movemos el dedo a la izquierda y a la derecha, de manera que entre y salga por el punto ciego del ojo abierto, el dedo desaparece y vuelve a aparecer. Como si fuera magia, ¡increíble pero cierto!

En mi opinión, lo más interesante de todo es fijarse en qué es lo que vemos en las zonas del objeto que recaen sobre el punto ciego. En teoría, no deberíamos ver nada, como una mancha negra. Pero lo que percibimos es una superficie igual a la del resto del objeto. En otras palabras, el cerebro se inventa lo que hay en el punto ciego, utilizando la información de lo que hay al lado, rellenando el agujero visual del punto ciego para obtener una percepción continua, sin agujeros en el mundo —lo cual sería problemático, sobre todo para animales visuales como nosotros—. El cerebro trata de adivinar lo que no ve. Por eso, cuando nos colocamos frente a un lienzo en blanco, no vemos un agujero negro en el mundo, sino que lo vemos todo blanco; en este caso, el cerebro acierta rellenando. Este sencillo experimento del punto ciego demuestra la esencia de la cuestión: que el cerebro construye el mundo, la realidad que percibimos del exterior, utilizando la información que tiene para adivinar de una manera más o menos correcta lo que hay allí fuera. Al final del día, lo que percibimos no es lo que existe, sino lo que nuestro cerebro piensa que existe. Es una gran diferencia.

Figura 6.4. El punto ciego es un punto en la retina donde no vemos nada. Si nos tapamos el ojo derecho, miramos el dibujo de la derecha y nos acercamos y alejamos de la página, la cruz desaparecerá cuando coincida con el punto ciego.

LOS COLORES SON GENERADOS POR EL CEREBRO

Para remachar la faena, hablemos del color. La percepción del color demuestra, otra vez más, que la idea que tenemos del mundo está construida por el cerebro. El color en teoría mide la longitud de onda de la luz que es reflejada por los objetos. Esto es importante, porque la longitud de onda que refleja un objeto depende de las propiedades fisicoquímicas de su superficie. En realidad, percibir el color de un objeto es como hacer un análisis sofisticado a distancia de la química molecular de la superficie del objeto. Si lo pensamos bien, da escalofríos que hagamos esto inmediatamente con todos los objetos que vemos.

Pero, aunque sea difícil de creer, los colores que percibimos de las cosas muchas veces no coinciden con la longitud de onda que reflejan. Esto es algo que también se puede demostrar con experimentos psicofísicos de ilusiones visuales. Hubel nos lo demostró de manera impecable cuando lo conocí, en una conferencia que dio en Madrid en los años ochenta, justo después de su Premio Nobel conjunto con Wiesel. Hubel llevaba una corbata azul y, al cambiar de golpe la longitud de onda de la luz que le iluminaba, de repente la corbata cambió de color ante nuestros ojos y se volvió roja. Hay muchas ilusiones parecidas en internet, en las que los colores de los vestidos cambian. Aconsejo buscar «ilusiones de color» en la web y experimentarlas directamente.

Pero ¿por qué cambiaba el color de la corbata de Hubel? Pues porque la longitud de onda que refleja un objeto depende de la luz que lo ilumina. En el planeta Tierra, la luz que ilumina los objetos cambia según la hora del día, la latitud, las estaciones del año y la meteorología. Es decir que, si queremos percibir, por ejemplo, las rayas amarillas y negras de un tigre, algo en lo que nos puede ir la vida, los colores de estas rayas en principio tendrían que cambiar si vemos el tigre por la mañana, al mediodía o por la tarde, si se nubla el cielo, etc. Pero esto sería un desastre porque no identificaríamos al tigre tan rápido, o pensaríamos que es otro animal distinto. Para evitarnos este error que puede acabar con nuestra vida, el cerebro computa el color que percibimos cancelando el efecto de la longitud de onda de la luz que lo ilumina. Es una computación bastante sofisticada y también, nuevamente, de contraste. El cerebro soluciona el problema del tigre calculando la mezcla de colores de los objetos que están situados alrededor del objeto que queremos percibir, después utiliza ese cálculo para hacer una estimación de la longitud de onda de la luz que lo ilumina. Una vez que el cerebro tiene una estimación interna de la longitud de onda que ilumina el objeto, entonces recomputamos el color del objeto y lo corregimos si hace falta. Este cálculo hace que el color de las cosas sea esencialmente independiente de la luz que las ilumina, cancelando la variabilidad lumínica de la superficie del planeta Tierra. Solo en ciertos casos, como en el experimento de la corbata de Hubel, o las ilusiones de los vestidos de internet, el cálculo no es perfecto y pillamos a la naturaleza metida en faena. Nos damos cuenta de que la naturaleza se está inventando algo que no coincide con la realidad y que el color es un truco.

Sin embargo, este truco que utiliza la naturaleza es fantástico porque nos permite visualizar los objetos con los mismos colores, con independencia de la luz del día. Es evidente que esto tiene muchas ventajas a la hora de detectar a tiempo a los tigres en la selva. Pero también nos demuestra que lo que percibimos de la realidad no es exactamente la realidad en sí. Es como lo del punto ciego.

EL OÍDO MIDE CAMBIOS EN EL MUNDO

Hablemos ahora de la audición, del oído. Sucede esencialmente lo mismo: el oído tiene una altísima sensibilidad a los estímulos del exterior, extraemos conceptos abstractos de una manera jerárquica y generamos internamente la realidad sensorial. El oído es otro sentido que nos permite percibir los objetos externos a distancia, pero solo si cambian de posición. Como sabemos, percibimos sonidos, que son cambios en la presión del aire generados por el cambio físico de algún objeto, que se transmiten a 300 metros por segundo. No es tan rápido como la luz (nada es más rápido que la luz), pero nos permite detectar objetos, aunque no los veamos y sigue siendo muchísimo más rápido que los movimientos que realizan los animales que vienen a devorarnos.

Al percibir el sonido, atrapamos todos los movimientos que ocurren en el exterior, o casi todos. Pero el oído es un sentido que solo percibe movimientos de las cosas. Si las cosas no se mueven, no hay sonido, lo que confirma también que lo que nos interesa son los cambios en el mundo. Los seres humanos percibimos sonidos en una gama bastante amplia, pero no completa. Por arriba y por debajo del espectro auditivo, hay cosas que no podemos oír. Los sonidos que generan las cosas también dependen de su tamaño. Los objetos pequeños generan sonidos agudos, mientras que los objetos grandes generan sonidos graves. Es decir, con el oído podemos detectar no solo el movimiento de las cosas, sino también su tamaño. Además, ¿alguna vez os habéis preguntado por qué tenemos dos orejas en vez de una? Pues, al tener dos orejas, igual que al tener dos ojos, podemos triangular la posición de las cosas en el exterior, identificando dónde están localizadas y a qué distancia. ¡Bastante impresionante!

EL OÍDO DETECTA COSAS IMPORTANTES PARA NUESTRA VIDA

Al igual que la visión, la evolución ha perfeccionado nuestro sentido del oído hasta tal punto que detectamos el más mínimo ruido, al borde del límite físico posible. Se estima que las células en el oído interno que detectan los cambios de presión del sonido son sensibles a cambios de presión tan pequeños que se corresponden con el movimiento de átomos individuales. No se puede mover algo a una distancia menor que un átomo; es el límite de los movimientos.

Por otro lado, igual que sucede con la visión, podemos detectar una amplia gama de sonidos, incluso ruidos fortísimos, en muchos órdenes de magnitud (muchos ceros) mayores a los ruidos más leves. También, siguiendo la misma línea que la visión, el cerebro no utiliza toda la información auditiva, solo parte de ella, y descarta el resto. Además, también computa el contraste, los cambios en los sonidos. Utiliza circuitos para detectar ruidos particulares, igual que en la visión detectamos las caras de la gente. En este caso, los sonidos que identificamos son los que importan para nuestra vida y supervivencia. No es casualidad que precisamente el sistema auditivo de los humanos esté perfectamente diseñado para detectar las frecuencias auditivas y los cambios de presión con los que se transmite el habla. Los murciélagos, por ejemplo, detectan los cambios en el sonido generados por los ecos de los objetos, en otras frecuencias distintas a las nuestras, utilizando un sonar para calcular dónde están. Así, cada especie tiene un cerebro con células auditivas especializada en captar las cosas que le interesan. El resto de las cosas, no las percibimos. Por ejemplo, no detectamos el sonar de los murciélagos, aunque está ahí fuera y podríamos hacerlo si fueran nuestros depredadores o nuestras presas; sin embargo, los insectos que tienen que escapar de los murciélagos sí que lo detectan, porque les va en ello la vida.

LA CORTEZA CEREBRAL CONSTRUYE LA REALIDAD AUDITIVA

La corteza cerebral tiene un área dedicada a la audición que posiblemente funcione de una manera muy parecida a la de la visión. Está organizada en mapas auditivos del mundo, que ahora empezamos a comprender. Por lo que hemos podido investigar, tiene una organización muy clara; se supone que a medida que vayamos ascendiendo por el cerebro, estos mapas auditivos del mundo seguirán organizándose de una manera precisa. Porque, otra vez, no tendría sentido tener unas células en el oído interno que detectan el movimiento de átomos individuales, si luego tirásemos toda esa información por la borda cuando la procesamos en la corteza.

En la misma línea que la visión, el sistema auditivo también genera la realidad. Esto se ve muy claro en los pacientes esquizofrénicos. Si se escanea el cerebro de un esquizofrénico cuando dice que oye voces, se activan las mismas partes de la corteza cerebral que se activarían en una persona normal cuando oye voces de verdad. En otras palabras, los esquizofrénicos están oyendo voces que son tan reales para ellos como las voces que podemos oír nosotros —excepto que, en su caso, no hay voces externas—. Estas alucinaciones demuestran que la percepción sensorial se genera internamente. En la inmensa mayoría de los casos, las voces que generamos internamente se corresponden de forma exacta con las exteriores; son como un símbolo de las voces exteriores. Pero, en algunos casos, se pierde esta conexión y se generan percepciones alucinatorias.

EL TACTO MIDE CAMBIOS EN LA POSICIÓN Y ESTRUCTURA DE COSAS CERCANAS

Hablemos del tacto, lo que científicos y médicos denominamos *somatosensación*. Se repiten también los mismos principios que en la visión y la audición: alta sensibilidad, percepción de ciertas cosas del exterior de una manera jerárquica, extracción de abstracciones del mundo y también percepciones generadas internamente. El tacto, en realidad, está compuesto por muchos sentidos y canales paralelos que llevan información del contacto físico de la superficie de nuestro cuerpo, pero también del interior de los músculos, huesos y tendones, hacia el cerebro. Se estima que posiblemente tengamos más de veinte canales somatosensoriales, cada uno especializado en recabar un tipo de información determinada. Por ejemplo, tenemos unos sensores en la piel que detectan las vibraciones de los objetos que tocamos. ¿Por qué es importante detectar estas vibraciones? Porque la forma en que vibra un objeto nos da una idea de su composición interna. Las vibraciones que detectamos son mínimas; aunque no tengamos tanta sensibilidad como para detectar la posición de los átomos, sí detectamos la posición de objetos de un tamaño micrométrico. Bueno, más que la posición, captamos el cambio en su posición, que es en realidad la vibración. De nuevo, el contraste.

EL DOLOR DETECTA ESTÍMULOS NOCIVOS Y SE GENERA INTERNAMENTE

Pero, además de la vibración, tenemos otros canales del sentido del tacto que mandan información detallada de la posición de los objetos, su superficie y temperatura, también si son dañinos o no. Sí, tenemos unos receptores en la piel que solo se activan con estímulos dañinos, como puede ser, por ejemplo, una aguja que pinche la piel. Son los receptores del dolor y mandan esta información al cerebro para generar unas respuestas muy rápidas, como todos sabemos, con un fuerte componente emocional negativo y defensivo.

Sin embargo, de todos los estímulos sensoriales que recibimos, solo algunos generan dolor, y son precisamente los que pueden dañar la piel o el cuerpo. Estos estímulos sensoriales generan una sensación interna de dolor que se inicia en la médula espinal, y las neuronas que generan esta sensación activan un montón de neuronas más, que mueven las distintas partes del cuerpo para adoptar posturas de protección: por ejemplo, retirar la mano de la llama que nos quema. El dolor es también un buen ejemplo que nos permite mirar por esa puerta que la naturaleza ha dejado entornada, y descubrir cómo el cerebro genera la realidad. En algunos pacientes con dolor crónico —entre los que, por cierto, yo mismo me he encontrado—, estas neuronas pueden activarse en ausencia de estímulos nocivos. En otras palabras, percibimos dolor, incluso un dolor for-

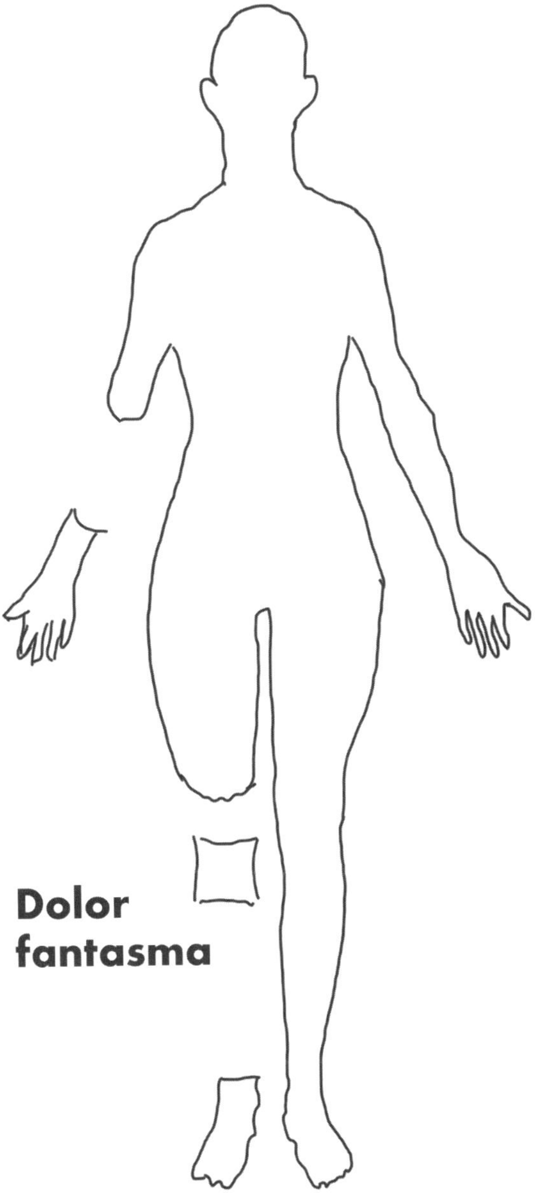

Figura 6.5. El dolor fantasma ocurre en partes del cuerpo que se han perdido.

tísimo, como si te metieran los brazos y las piernas en agua ardiendo, aunque no estemos tocando nada y tengamos las manos en los bolsillos. Este es un dolor que llamamos neurológico y que, como es obvio, se genera internamente. Se trata de una de las peores enfermedades que se pueden padecer, y algunos de estos pacientes incluso se suicidan porque no hay todavía buenos tratamientos para este tipo de dolor neurológico. Y, por si alguno todavía no está convencido, que piense en los pacientes que sufren dolor en las extremidades amputadas, el llamado dolor fantasma. No sirve de nada recordarles que ya no tienen el brazo que les sigue doliendo; el dolor lo genera su cerebro. Al igual que el punto ciego o los colores de las cosas, el dolor se genera internamente. La mayoría de las veces tiene relación con la realidad, pero alguna vez no la tiene.

EL OLFATO Y EL GUSTO RECONSTRUYEN QUÍMICAMENTE LOS OBJETOS

Los últimos dos sentidos de los que vamos a hablar son el olfato y el gusto. Funcionan de una manera parecida y son esencialmente detectores de productos químicos que están en el aire, en el caso del olfato, o en lo que ingerimos por la boca, en el caso del gusto. Es un sistema bastante espectacular de análisis químico, ya que por el olor reconocemos moléculas individuales que han sido emitidas por un objeto exterior y se difunden por el aire hasta que nos llegan a la nariz. Curiosamente, la mayoría de los olores son moléculas orgánicas generadas por seres vivos, lo que revela que son muy importantes para nosotros. Podemos percibir millones de olores con los receptores de la nariz, aunque los humanos no somos los mejores en el mundo animal a la hora de oler. En las olimpiadas sensoriales nos ganan, por ejemplo, algunas polillas, que pueden detectar moléculas individuales de olor. Nuevamente, nos topamos con un límite físico: no podemos detectar algo menor que una molécula. Además, la naturaleza ha optimizado el sistema olfativo en algunos animales hasta el límite físico.

Entonces, lo que hacemos con esta información tan exquisita de detección química en la nariz es mandarla al cerebro, donde construimos percepciones de objetos en la corteza cerebral, según las moléculas que emiten. Cuando olemos una rosa, percibimos en realidad una mezcla muy compleja de moléculas que emite la rosa, pero nuestro cerebro lo detecta perfectamente como una rosa. El olor de la rosa lo tenemos dentro. Es un concepto interno que hemos generado con la combinación de moléculas orgánicas emitidas por la rosa, y que lo pegamos a la rosa que vemos con nuestros ojos como si fuese una etiqueta, una reconstrucción, de manera que asociamos los olores con objetos externos. Es lo mismo que ocurre con los otros sentidos y, también, podemos tener alucinaciones de olores. En algunos casos de epilepsia, antes de que empiece la descarga, los pacientes huelen cosas muy específicas que sirven como una premonición de que van a sufrir un ataque epiléptico. Es evidente que estas alucinaciones olfativas tienen interés clínico, pero desde el punto de vista científico nos demuestran que la percepción del olor se puede generar en ausencia de estímulos sensoriales.

Por último, el gusto, otro sistema de detección química específico para los alimentos y bebidas. Aunque no es un sentido tan apabullante como la visión, y es más modesto en términos del *hardware* que utiliza, el gusto tiene una utilidad fantástica para ayudarnos a nutrirnos y sobrevivir. Detectamos compuestos azucarados, algo que es importante para acumular calorías; también compuestos salados, porque necesitamos sal para sobrevivir; compuestos ácidos, que nos permiten, quizá, evitar comida que esté en mal estado; compuestos amargos, para evitar las toxinas vegetales que pueden ser mortales al ingerirlas; también detectamos aminoácidos, lo que llaman *umami* en japonés, algo útil para detectar comida de un alto contenido proteico, que también es necesario. Esto del gusto es completamente lógico y tiene todo el sentido del mundo.

En suma

Lo primero, siento haber machacado un poco con el mismo rollo, sentido tras sentido, pero era importante. Mi argumentación principal es que los sentidos miden la realidad como máquinas casi perfectas para inventarse unas etiquetas que ponen a los objetos del mundo y así reconstruirlos mentalmente y poder utilizarlos como piezas en el teatro de la mente. Más que medir los objetos, lo que miden son los cambios en ellos. Y esto lo hacen para ajustar el modelo del mundo a la realidad de una manera muy fiable, bien organizada y con una lógica que tiene que ver con nuestra supervivencia. Cada uno de los sentidos está diseñado por la evolución para ayudarnos a sobrevivir y a reproducirnos. Eso es todo.

En el próximo capítulo vamos a ver cómo guardamos esa información adquirida por los sentidos en la memoria, y cómo la recabamos cuando hace falta.

Capítulo 7

El desván de la memoria del teatro del mundo

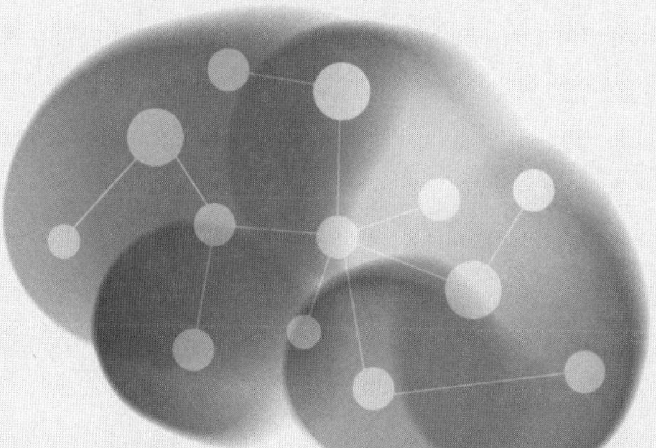

Ahora que ya tenemos claro cómo utilizamos los sentidos para hacer aterrizar el modelo del mundo en la realidad en la que vivimos, podemos preguntarnos: ¿cómo guardamos el modelo del mundo? Pues gracias a la memoria. ¿Y cómo actualizamos el modelo del mundo? Pues gracias al aprendizaje. Son conceptos íntimamente relacionados: la memoria es lo que queda después del aprendizaje. Pero, desde el punto de vista científico, ¿qué son exactamente la memoria y el aprendizaje?

QUÉ ES LA MEMORIA Y PARA QUÉ SIRVE

Francis Crick, que era genial, decía que la memoria y el aprendizaje son «todo cambio que hace un cambio» en el sistema nervioso. Es decir, según Crick, prácticamente todo lo que pasa a nuestro alrededor, si cambia de alguna manera el cerebro, por pequeño que sea el cambio, ya es una memoria. Esta definición tan amplia incluye muchas cosas que tradicionalmente consideramos memorias o recuerdos, como la contraseña de internet, el sitio donde está aparcado el coche, quién eres, dónde vives y quiénes son tu familia. Pero también se incluye en esta definición tan amplia de memoria la realización de tareas aprendidas, como, por ejemplo, lavarse los dientes, ya que la información para llevar a cabo esta tarea está en el cerebro.

¿Para qué sirve la memoria? Para que este modelo del mundo tenga la información necesaria con el fin de predecir bien el futuro, de una manera evolutivamente correcta y útil. Los mecanismos que utiliza el cerebro para aprender y almacenar estos aprendizajes son muchos y muy distintos, pero esencialmente todo lo que hacen es atrapar las estadísticas de las cosas que ocurren en el mundo; es decir, las probabilidades de que algo ocurra, especialmente las relaciones causales entre las cosas, de causa y efecto. Nuestro cerebro y el de otros animales están perfectamente diseñados para darse cuenta de que las causas tienen un efecto, algo que, si lo pensamos bien, es imprescindible para estimar qué va a ocurrir en el futuro. Si miramos el reloj y vemos que llegamos tarde al aeropuerto, calculamos con una certeza del cien por cien que no estaremos bañándonos en Canarias mañana. Estas relaciones de causa y efecto a veces son tan importantes que las aprendemos de inmediato, sin olvidarlas nunca en toda la vida; basta con que ocurran una vez: si metemos el dedo en un enchufe, nos da un calambre. Este tipo de aprendizaje inmediato es algo que nos distingue de las computadoras, que necesitan mucho entrenamiento para captar las propiedades estadísticas del mundo y las relaciones causales entre las cosas. Las máquinas reciben muchos más calambres.

Pero, además de captar el mundo de una manera fiel y estadística, la memoria es importantísima para nosotros porque nuestros recuerdos son nuestra identidad, nuestro yo. Esto es algo que vemos dolorosamente cuando una persona querida padece Alzheimer, se le van olvidando las cosas y las personas, van desapareciendo su personalidad y su identidad, poco a poco, delante de nuestros ojos. Este tipo de experiencia clínica significa que nosotros no somos más que el modelo del mundo que tenemos en el cerebro, en el que evidentemente hay una parte que se refiere a nuestro propio cuerpo y a nuestra propia vida; cuando se va desintegrando el modelo, desaparecemos. Pero, para dar un tono más positivo a esta idea, lo contrario pasa con los niños pequeños: según van adquiriendo conocimiento del mundo, su modelo del mundo se va desplegando y se van convirtiendo en personas.

LA HISTORIA DE UN PACIENTE CON AMNESIA

Pero ¿cómo funcionan la memoria y el aprendizaje? ¿Cuáles son los mecanismos utilizados por el cerebro para atrapar estas relaciones causales que pasan volando por delante de nuestra vida, como si fuesen moscas? La historia empieza con un chico norteamericano que se llamaba H. M. Era brillante y, un día, montando en bicicleta, se cayó y se golpeó la cabeza, con tan mala fortuna que empezó a sufrir crisis epilépticas. Algunos tipos de epilepsia son debidos a traumas craneoencefálicos. En el caso de H. M., estas descargas eran tan fuertes que le impedían hacer vida normal. Su vida se convirtió en una crisis epiléptica tras otra. Para solucionar este tormento, se sometió a un tratamiento de neurocirugía, en el que le extirparon las partes del cerebro involucradas en la generación de estas crisis. Aunque parezca brutal, los tratamientos quirúrgicos tan drásticos de extirpación de áreas cerebrales todavía se utilizan en casos de epilepsia muy severa, que no se puede controlar con fármacos, algo que nos demuestra lo mucho que tenemos que aprender para ayudar a estos pacientes de una manera que sea menos invasiva e irreversible.

Volvamos a la historia de H. M. Su neurocirujano, que debía ser un fiera, le extirpó con gran efectividad toda una zona de la corteza temporal del cerebro que incluía los dos hipocampos completos. Pues bien, a partir de la cirugía, la epilepsia quedó eliminada. Éxito total. Pero H. M. de inmediato empezó a padecer un problema de memoria muy curioso. Nuestro paciente podía recordar sin ningún problema todas las cosas que habían ocurrido antes de la cirugía, pero, desde que se despertó en la cama del hospital, no podía almacenar en su memoria ningún dato, evento, conversación o cosa nueva que le sucediese. Seguía teniendo la misma inteligencia y podía seguir haciendo todas las cosas que hacía antes: moverse, andar, comer, hablar y reír; incluso podía aprender tareas nuevas que requerían movimiento o coordinación visual. Pero, cada vez que la psicóloga que le atendía entraba en su habitación a hablar con él, la recibía como si fuera una desconocida, una persona nueva, porque no se acordaba de haberla visto nunca, aunque le hubiese visitado el día anterior. Esto es un caso clínico que denominamos «amnesia anterógrada», pérdida de memoria a partir de una lesión (o de la neurocirugía, en este caso).

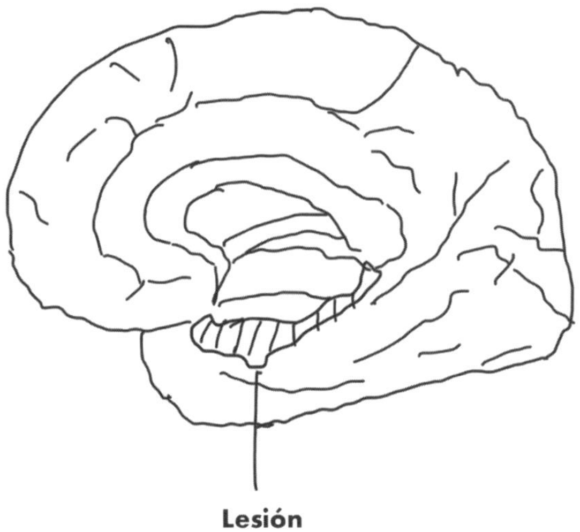

Figura 7.1. Al paciente H. M. le extirparon los dos hipocampos y zonas adyacentes del lóbulo temporal.

EL HIPOCAMPO ES NECESARIO PARA ALMACENAR RECUERDOS

El caso de H. M. y otros parecidos de pacientes con neurocirugías del lóbulo temporal demostraron que el hipocampo es necesario para el almacenaje de memoria porque, si lo quitamos, ya no almacenamos, aunque nos acordemos de todo lo anterior. Es decir, el almacenaje de la memoria es distinto de la memoria. H. M. tenía sus recuerdos antiguos intactos, pero no podía añadir nada nuevo. Lo curioso del caso es que el hipocampo es necesario para almacenar solo ciertos tipos de recuerdos, los que llamamos declarativos o episódicos, cosas que se pueden contar con palabras, o bien experiencias vividas. Pero hay otros recuerdos, sobre todo de tareas, como aprender a copiar dibujos, que H. M. no tenía ningún problema en aprender y almacenar. Aunque la amnesia anterógrada de H. M. solo se limitaba a recuerdos episódicos, era como un inválido, ya que para funcionar en sociedad es imprescindible recordar muchas cosas. Podemos lavarnos los dientes, andar, comer y hablar, pero, si queremos ir a la compra, no recordaremos dónde pusimos el dinero o qué tenemos que comprar. H. M. nunca se recuperó y vivió el resto de su vida en instituciones médicas.

¿Por qué el hipocampo es necesario para los recuerdos episódicos? La idea es que el hipocampo recibe todo tipo de información sensorial de la corteza, hace alguna computación o procesamiento con esta información y la manda de vuelta a la corteza, también a zonas que llamamos asociativas (por cierto, nombradas así por Cajal), donde esta información se almacena de manera permanente. Estos recuerdos en la corteza están organizados en mapas de cosas del mundo, como ya hemos dicho antes. Mapas de conjuntos neuronales (los paisajes de atractores), grupos de neuronas que se disparan entre sí y que simbolizan algo. La hipótesis es que estas neuronas, que estaban disparando cada una por su cuenta, empiezan a disparar juntas porque reciben a la vez una misma señal. Esto hace que las conexiones entre sí se refuercen, como si estuvieran unidas con pegamento; a partir de entonces, dispararán siempre juntas. En ese momento, hemos creado un recuerdo nuevo, un pensamiento o un concepto nuevo, y, al reactivarlos después, los recordamos. Es posible que sea el hipocampo, cuyas neuronas se especializan en mandar señales sincronizadas, el que mande esta señal activadora para que las neuronas de la corteza disparen a la vez, creando conjuntos.

LOS CONJUNTOS NEURONALES ALMACENAN RECUERDOS

Esta hipótesis de cómo se crean los recuerdos surgió de las ideas de Lorente, y fue propuesta por Donald Hebb, un psicólogo canadiense que afirmaba que las neuronas que se disparan a la vez acaban conectándose, para empezar a disparar siempre juntas. Hebb propuso que, una vez conectadas entre sí, con conexiones excitatorias, una de estas neuronas, al activarse, puede disparar a todo el conjunto; algo que, como ya sabemos, llamamos compleción. No hay nada mágico en ello: al estar conectadas entre sí, la activación de una neurona en particular desencadena una bola de nieve de excitación que lleva a todas a disparar rápidamente. Esta propiedad es importantísima para la memoria. He mencionado ya la anécdota de Proust con su magdalena, un ejemplo de compleción de patrón espectacular, en el que el olor de una magdalena activa décadas de recuerdos, que escribirá a lo largo de toda su obra. Mucho de lo que nos ocurre en el día a día es parecido, un comportamiento complejo desencadenado por algo simple.

Con esta hipótesis de Hebb podemos entender cómo se crean los recuerdos y cómo se desencadenan, pero este mecanismo también podría explicar cómo aprendemos relaciones causales entre las cosas que observamos. Una hipótesis es que, si las dos cosas ocurren una después de otra, los conjuntos neuronales que las representan se acaban conectando entre sí de manera más fuerte; de forma que, cuando se dispara el primero, también se dispara el segundo. De hecho, solo necesitamos conectar una de las neuronas del primer conjunto con una neurona del segundo, y la compleción hace el resto. Si vuelven a ocurrir estas dos cosas en el mismo orden, una después de otra, las conexiones entre los conjuntos se refuerzan, de manera que se disparan de forma cada vez más eficaz. Después de varias repeticiones, ya solo necesitamos que ocurra la primera cosa para que se nos disparen en la corteza los conjuntos asociados con las dos. Hemos aprendido causa y efecto, ¡bingo! Contemplando lo que ocurre en el exterior, vamos atrapando, pieza por pieza, todas las relaciones causales que existen ahí fuera, construyendo el modelo mental del mundo que nos permite estimar lo que va a ocurrir con base en lo que ya ha ocurrido. Es una máquina infalible, que captura todo lo que ocurre y por qué, y nos lleva del pasado hacia el futuro.

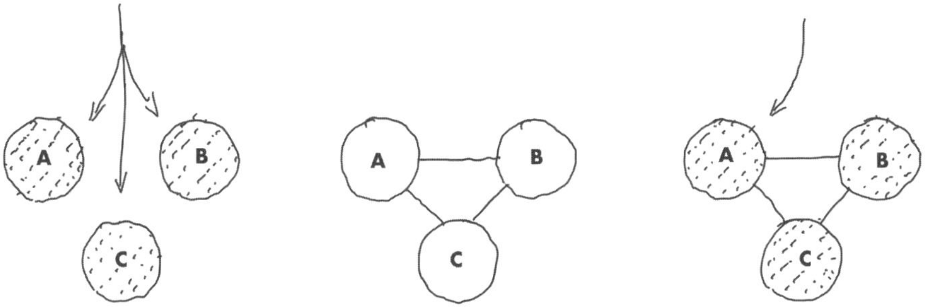

Figura 7.2. Los conjuntos neuronales tienen compleción que permiten reactivar memorias.

LA DOPAMINA SE ACTIVA EN EL APRENDIZAJE

Pero no todas las memorias y recuerdos son iguales. Como ya hemos dicho, hay algunas cosas que ocurren una vez en la vida y no las olvidamos nunca. Si pensamos un poco, estos recuerdos importantes suelen ser muy agradables o bastante desagradables, pues tienen un fuerte contenido emocional. Todavía no hemos hablado de las emociones, es algo que vamos a abordar a continuación, pero tengo que mencionarlas ahora que hablamos de la memoria, porque el hipocampo está estrechamente relacionado con todas las partes del sistema nervioso que procesan información emocional.

Sin duda, no es una casualidad que el hipocampo esté situado justo en medio de la parte emocional del cerebro. Por esta relación tan estrecha, la actividad del hipocampo se refuerza con las emociones. Además, la parte emocional del sistema nervioso manda señales a toda la corteza, que facilita la creación de los conjuntos neuronales. Estas señales que llegan a toda la corteza son los llamados neuromoduladores, pequeños neurotransmisores que se difunden por la sangre y que llegan a todos los sitios a la vez, como una señal de radio que llega a todas partes. Hay muchos, pero entre ellos destaca la dopamina, que se manda desde una zona de los ganglios basales y del tronco encefálico a gran parte del cerebro. Además, las células que secretan dopamina hacen algo muy interesante. Este es otro de los muchos descubrimientos realizados por azar.

Un investigador alemán, Wolfram Schultz, que estaba registrando con sus estudiantes la actividad de las células dopaminérgicas en un mono, se dio cuenta de que se disparaban cuando al mono le daban un premio por haber realizado un comportamiento esperado. Por ejemplo, le daban un poco de zumo de fruta si movía la mano hacia un lado en un tablero. A todos les encantó el resultado, porque pensaron que habían descubierto que las neuronas dopaminérgicas codifican el premio o el refuerzo al comportamiento esperado. Pero, si seguían haciendo el experimento, y seguían dando al mono este refuerzo cada vez que hacía la tarea, las células dejaban de disparar. ¿Qué pasó? ¿Cambiaron estas neuronas de función? La puntilla final llegó en un experimento por azar: cuando se les acabó el zumo, el animal hizo el mismo movimiento, en plan automático, esperando la recompensa, pero ya no había recompensa alguna; sin embargo, las neuronas dopaminérgicas se pusieron a disparar. ¡Vaya lío!

LA DOPAMINA CORRIGE EL MODELO DEL MUNDO

La interpretación que Schultz y su equipo dieron a estos experimentos fue que estas neuronas disparan cuando lo que ocurre no es lo esperado, tanto para bien como para mal: si te dan el zumo cuando no lo esperas, al comienzo del experimento; o cuando resulta que esperas que te lo den, y no te lo dan, como al comienzo. Es decir, las neuronas que secretan dopamina se activan especialmente si hay un desfase entre lo que pensamos que va a ocurrir y lo que ocurre. ¡Superinteresante! Las neuronas están comprobando si nuestro modelo del mundo es correcto. Son medidoras del error de nuestra predicción del futuro y, cuanto mayor es el error, más disparan. Si eso ocurre y sueltan la dopamina por todo el cerebro, el aprendizaje neuronal es mucho más rápido y efectivo. Esto es lo que se llama aprendizaje por reforzamiento, y es exactamente lo que necesitamos que ocurra si queremos ajustar el modelo del mundo para que funcione con efectividad.

Esta estrategia para aprender, midiendo el error en el modelo, es lo mismo que hizo nuestro querido Minkowski para diseñar el piloto automático de los barcos, y está presente en todos los algoritmos que utilizan los ingenieros en la teoría de control. Además, encaja a la perfección con la idea central del método científico: se aprende mucho más con una crítica que con una alabanza. Por eso la ciencia avanza imparable, porque está basada en las críticas continuas de unos investigadores a otros. En las revisiones anónimas de los artículos científicos, estamos todo el día buscando las vueltas a los trabajos de nuestros compañeros. Si las viejas ideas de McCulloch y Pitts dieron lugar a las redes neuronales que pusieron las bases de la inteligencia artificial, el aprendizaje por refuerzo se ha copiado minuciosamente en el diseño de computadoras artificiales. De hecho, hoy es una de las herramientas más potentes de los ingenieros para construir redes neuronales inteligentes, que puedan aprender de una manera rápida.

La dopamina, además de liberarse si hay un error en nuestro cálculo del mundo, también se libera en situaciones emocionales, aunque no es lo único que ocurre durante las emociones. Esto tiene mucho sentido porque las emociones surgen muchas veces en situaciones en que ocurre algo inesperado, para bien o para mal. Para aprender rápido de las emociones, no solo necesitamos que una cosa ocurra justo después de otra, sino, además, tener una señal adicional que diga que lo ocurrido es importante para nosotros. Por ejemplo, que, al meter el dedo en el enchufe, te da un calambre. ¿Cómo aprendemos esto sin que haya una repetición del estímulo? Imaginad que tenemos un conjunto de neuronas que simboliza el dedo y otro que simboliza el enchufe, cuando metemos el dedo se activan los dos conjuntos; además, nos da un calambre, lo que dispara los circuitos emocionales, se secreta dopamina u otro neuromodulador, el hipocampo trabaja más intensamente y, además, el aprendizaje es mucho más potente. El resultado es que estos dos conjuntos quedan de golpe unidos para siempre. No se nos olvidará.

EL HIPOCAMPO CREA EL ESPACIO Y EL TIEMPO

Antes de acabar, quiero mencionar otra cosa absolutamente fascinante sobre el hipocampo. Parece que, además de ayudar a consolidar los recuerdos y mandarlos a la corteza, el hipocampo también les pone una marca, como un sello de fábrica, estampando el lugar en el espacio y el momento en el tiempo en que ocurren los episodios que vamos a convertir en recuerdos. Es una hipótesis fascinante en la que están trabajando muchos investigadores brillantes, incluidos algunos de mis estudiantes, demostrando poco a poco que puede ser cierta.

La historia empezó con la idea de que el hipocampo tiene células específicas que marcan un lugar concreto del espacio. Esto es algo que descubrió, otra vez por azar, un investigador estadounidense, John O'Keefe, que trabajaba en Londres y estaba interesado en registrar la actividad de las células del hipocampo de unas ratas. Cuando las ratas se movían a un sitio determinado del laboratorio, estas células empezaban a disparar. Había otras células que se activaban cuando la rata cambiaba a otro sitio. Distintas células codificaban distintos sitios del suelo del laboratorio, como si formasen un mapa espacial. O'Keefe denominó a estas células «células de lugar» (*place cells*), y propuso que formaban una especie de mapa del espacio en el hipocampo, con el que las ratas siempre sabían dónde estaban. O'Keefe tenía una pareja de estudiantes noruegos, May-Britt Moser y Edvard Moser, encantadores y amigos míos, que se cansaron de repetir el experimento del maestro, al igual que Hubel y Wiesel, y trasladaron los electrodos a la corteza entorrinal, una zona de la corteza que está al lado del hipocampo y de la cual se sabía muy poco. Y, también por azar, con la buena suerte heredada de su maestro, descubrieron que las células entorrinales no disparaban cuando la rata estaba en una posición determinada, sino en una serie de posiciones concretas en el espacio, formando una red regular que fragmentaba el espacio en hexágonos idénticos, igual que las baldosas de un suelo de cocina. Repito que estas células fragmentan el espacio, como si tuvieran una regla y fueran geómetras euclidianos, en hexágonos idénticos.

Este descubrimiento fue tan increíble que todavía no se entiende cómo se forma esta red de hexágonos ni cómo se utiliza. De hecho, acabo de hacerles una visita a su laboratorio en el norte de Noruega, y ambos todavía están dándole vueltas a estas células, que denominan «células de red» (*grid cells*). En mi opinión, este descubrimiento de las células de lugar y de red es uno de los más importante en neurociencia que he presenciado a lo largo de mi carrera, ya que pone las bases científicas de cómo el cerebro codifica el espacio. Por supuesto, O'Keefe y los Moser recibieron el Premio Nobel.

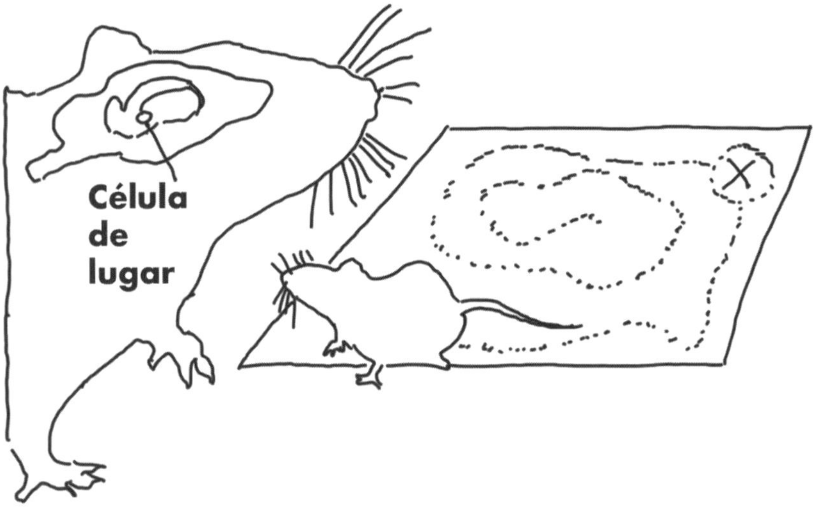

Figura 7.3. Las neuronas en el hipocampo codifican el lugar en el espacio donde está el animal. Cada neurona se activa en un sitio determinado (la cruz, por ejemplo).

EL CEREBRO TIENE UN GPS Y UN RELOJ

Es posible que estas células del hipocampo y la corteza entorrinal sean todavía más importantes. Hay una hipótesis que propone que no solo crean ese mapa espacial, sino también el reloj del tiempo. La idea es que, en el momento en el que estas células se activan, registran no solo dónde está el animal en el espacio, sino también cuándo llega allí en el tiempo. Esto puede ocurrir no solo con nuestro cuerpo, sino con todo lo que nos sucede. Si eso es cierto, todos los episodios de nuestra vida tienen una «anotación» detallada en un espacio y un tiempo, y una vez anotados, se mandan guardar en los bancos de memoria de la corteza. Siguiendo con esta idea, el espacio y el tiempo están creados por el hipocampo y la corteza entorrinal; es la cinta continua de nuestra vida, como el libro de nuestra vida, y cada página tiene un momento y un lugar. Esto podría explicar por qué pacientes como H. M. sufren pérdida de memoria anterógrada y viven siempre en el presente: aunque se puedan acordar de las cosas que ocurrieron antes de la cirugía, porque fueron anotadas a su debido momento, a partir de la cirugía ya no escriben más en ese libro. Se paró la cinta.

Por cierto, esta idea de que el cerebro genera el espacio y el tiempo ya se le había ocurrido a nuestro amigo Kant. Para él, el espacio y el tiempo eran categorías internas generadas por la mente humana. Es difícil creer que algo tan fundamental como el espacio y el tiempo sea generado internamente, ya que siempre damos por sentado que el espacio y el tiempo son precisamente las dos propiedades que definen la realidad exterior. Confieso que, aunque comprendo bien los experimentos de mis colegas, sus implicaciones me parecen extrañas, y me es difícil aceptarlas. Pero creo más en los experimentos que en mi introspección. Me imagino que Kant debe estar sonriendo en su tumba fuera de la catedral de su ciudad natal de Königsberg (que, por cierto, ahora se llama a Kaliningrado, porque fue ocupada y recolonizada por los rusos después de la segunda guerra mundial).

LA PLASTICIDAD DE LOS RECUERDOS

Acabo con otra reflexión sobre la memoria. Como ya hemos dicho, la idea es que este modelo del mundo que tenemos en la corteza está continuamente poniéndose al día con la nueva información que le llega del hipocampo, que puede alterar y reformatear el modelo para ajustarlo a la realidad cambiante del exterior. Si seguimos tirando del hilo, una consecuencia importante sobre los recuerdos es que cambian de forma continuamente porque al reactivarlos los retocamos de nuevo. Cada vez que recordamos algo, cambiamos, aunque sea un poco, las neuronas que codifican el recuerdo y sus conexiones. Si el objetivo del sistema nervioso es predecir el futuro, y los mapas cerebrales de recuerdos son el modelo del mundo, y el mundo no para de cambiar, retocar siempre los recuerdos es necesario para poder reajustarlos y que sean consistentes con un modelo del mundo coherente para ayudarnos a sobrevivir y a afrontar el futuro. Es decir, recordar algo es un proceso creativo. Otra manera de decirlo es que, al recordar una cosa, la recreamos: no hay recuerdos infalibles u objetivos. Hay muchas anécdotas que lo prueban y una de mis favoritas es la historia de un héroe de la guerra civil estadounidense que, después del conflicto, se ganó la vida dando conferencias sobre su experiencia en el campo de batalla. Parece que, durante su circuito de conferencias por todo el país, lo que contaba iba cambiando, de tal modo que su historia de las últimas conferencias no tenía nada que ver con la de las primeras. Sin duda, no lo hizo con mala intención, sino porque de alguna manera estaba ajustando el modelo del mundo de lo que ocurrió para que fuese más coherente.

En suma

Aunque el recuerdo y la memoria son temas inagotables, en este capítulo hemos aprendido cómo captamos la realidad y la guardamos en recuerdos, construidos con los conjuntos neuronales. Estos recuerdos, estos conjuntos, se reactivan cuando pensamos en las cosas, o en el caso de las percepciones, cuando las volvemos a ver o experimentar. Es decir que una percepción, un recuerdo o un pensamiento pueden ser exactamente la misma cosa, la activación de conjuntos neuronales. Estos conjuntos neuronales son como los ladrillos de la actividad mental con la que construimos estos mapas del mundo para predecir el futuro y para actuar con inteligencia.

Pero ¿cómo utilizamos exactamente estos mapas para conseguir dicho objetivo? Esto es algo que veremos en el capítulo siguiente.

Capítulo 8

El pensamiento: poner a funcionar el modelo del mundo

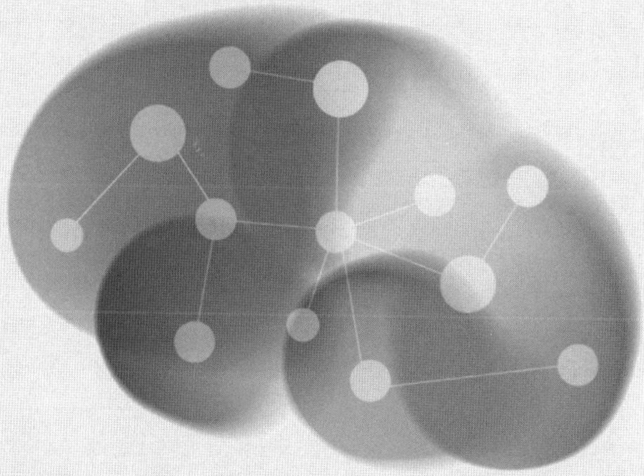

Vamos a entrar ahora en faena respecto a lo que hacemos exactamente con tanto mapa y tanto modelo del mundo. La idea es bastante simple: recabamos información del exterior por los sentidos, sobre los que ya somos expertos; la almacenamos en orden en estos mapas corticales y la utilizamos para manipular mentalmente el modelo y ver lo que va a ocurrir en el mundo, con el objetivo de tomar una decisión sobre cómo actuar. Escogemos una cosa que vamos a hacer, bloqueando todas las demás, y mandamos esta decisión al sistema motor para que la ejecute a la perfección, con un comportamiento inteligente que se anticipa a lo que va a ocurrir. En este capítulo vamos a abordar cómo hacemos la manipulación mental del mundo y tomamos una decisión. Dejaremos para el capítulo siguiente la ejecución de estas decisiones y el bloqueo de las otras posibilidades de acción que no hemos elegido.

LA CORTEZA CEREBRAL DEFINE A LOS MAMÍFEROS

Sinceramente, lo que llamamos pensamiento es algo que los neurocientíficos no tenemos todavía bien definido. Pero sí sabemos desde hace mucho tiempo que prácticamente todo sucede en la corteza cerebral: ya los antiguos egipcios dejaron documentado en jeroglíficos qué daños en el cerebro alteraban el comportamiento de las personas y, siglo tras siglo, los médicos y cirujanos han demostrado que la actividad mental sale de ahí... Vamos a adentrarnos entonces en la corteza cerebral.

La corteza es una capa muy fina de tejido nervioso, de alrededor de dos milímetros de grosor, pero, como ya hemos dicho, en los seres humanos es muy extensa. Si la extendiésemos como si estuviese desdoblada, ocuparía el tamaño de una servilleta grande. Sin embargo, la tenemos doblada y arrugada dentro del cráneo para que nos quepa. Si estudiamos al microscopio distintas porciones de esta servilleta, las diferentes partes de la corteza se parecen todas muchísimo unas a otras. Están organizada en capas de células que son, bien excitatorias, con unos cuerpos celulares con forma piramidal, bien inhibitorias, como ya vieron Cajal y Lorente. Esta estructura similar es esencialmente igual en las distintas partes de la corteza cerebral de los seres humanos y también prácticamente idéntica en la de otros mamíferos. De hecho, los mamíferos somos los animales corticales por excelencia: la corteza cerebral se desarrolla evolutivamente precisamente en nuestro linaje, pues la corteza nos une. No tengo claro por qué amamantar a las crías tiene que ser lo que define a los mamíferos, pues, en mi opinión, en vez de *mamíferos*, nos tendríamos que denominar *corticales*. Es posible que la corteza permita a los mamíferos un estilo de vida distinto a otros animales, con un enfoque del sistema nervioso cada vez más centrado en la manipulación mental del mundo.

A pesar de que empezamos nuestra evolución como animales de pequeño tamaño, los mamíferos hemos acabado dominando la Tierra. Es decir que está todo ahí metido, en la corteza. Los humanos descollamos por una corteza cerebral gigantesca, comparada con el tamaño de nuestro cuerpo. Aunque hay otros animales, como las ballenas y los elefantes, con una corteza cerebral mayor que la nuestra, su cuerpo también es muchísimo mayor. No hay ningún animal que nos gane en el tamaño relativo de la corteza con respecto al tamaño del cuerpo.

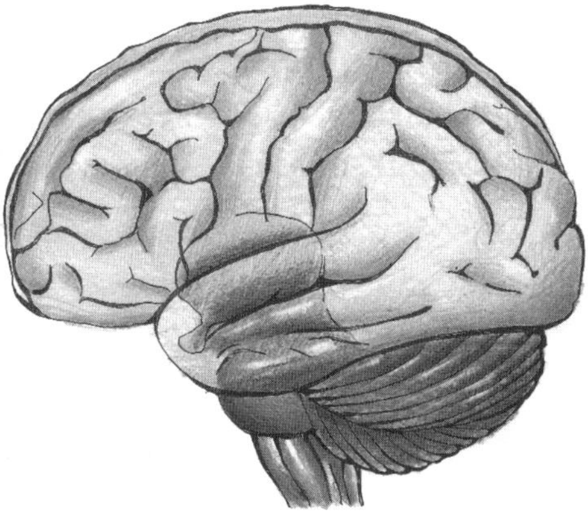

Figura 8.1. La corteza cerebral es enorme en los humanos y genera todas nuestras actividades mentales y cognitivas.

LA CORTEZA HACE DE TODO

Pues bien, en nuestra la corteza tenemos cientos de áreas distintas y, desde hace más de un siglo, se piensa que cada área está involucrada en distintas computaciones, en distintas funciones: desde la percepción visual o auditiva hasta la programación de comportamientos motores, el control de las emociones, etcétera. Pero, como acabo de decir, la estructura microscópica de la corteza es prácticamente igual en todos, de ahí que tengamos otro rompecabezas: ¿cómo puede una estructura igual hacer tantas cosas distintas? Esto ha dado lugar a la hipótesis según la cual, en realidad, la corteza hace solo una cosa, una función, una computación, y tiene que ser algo muy simple, pues debe ser el denominador común de todas las funciones distintas que ocurren en diferentes partes de la corteza, tanto en los seres humanos como en todos los mamíferos. Todavía no hemos dado con esa computación común y esencial de la corteza. Estoy seguro de que será una cosa elemental y que nos tiraremos de los pelos en el futuro, cuando nos demos cuenta de que la teníamos delante de los ojos y no la veíamos. Esta computación común de la corteza debe ser también muy robusta y adaptable para poder explicar el éxito evolutivo de la corteza y de los mamíferos en general.

LA CORTEZA CALCULA PROBABILIDADES

Una posibilidad que se ha sugerido es que la computación esencial de la corteza tenga que ver con el cálculo de probabilidades, como si fuese una máquina de estadística bayesiana. ¿Qué es la estadística bayesiana? Es un teorema que se le ocurrió al pastor presbiteriano inglés Thomas Bayes, una fórmula matemática para predecir lo que va a ocurrir en el futuro basada en las probabilidades de lo que ha ocurrido en el pasado. Según mis amigos matemáticos, no hay una manera mejor de predecir las cosas que utilizando el teorema de Bayes.

Es posible que la actividad de las células corticales refleje matemáticamente la probabilidad de que algo ocurra o no. Si las neuronas que codifican, por ejemplo, la imagen de un gato, se activan y disparan mucho, es porque la probabilidad de que estemos delante de un gato es muy alta, y si disparan poco, es muy baja. Si esto es así, la servilleta cortical sería una enorme máquina estadística bayesiana que lo único que hace es calcular probabilidades. Y calculando probabilidades se pueden realizar muchas cosas, empezando por estimar lo que ya ha pasado, es decir, medir la probabilidad de que hayan ocurrido esas abstracciones de las cosas en el mundo, como hemos visto en el capítulo dedicado a los sentidos. También estimar lo que va a ocurrir y las probabilidades de que ocurran ciertas cosas a la vez. Estas probabilidades conjuntas serían el resultado de conectar conjuntos neuronales que simbolizan distintas cosas externas. Por último, se pueden utilizar estas probabilidades para evaluar escenarios alternativos de comportamiento y escoger el más adecuado.

El cálculo de las probabilidades encaja perfectamente con la idea de que el cerebro, o la corteza cerebral, es un modelo predictivo del mundo, porque es la computación básica que necesitamos para que funcione. Para predecir el futuro, necesitamos calcular las probabilidades de que ocurran las cosas. Y, como hemos comentado, una manera de retocar este modelo del mundo es detectar el error entre nuestro cálculo y lo que ocurre después, para ajustar estas probabilidades. Desde este punto de vista, es muy interesante el hecho de que muchas de las neuronas en la corteza se activan especialmente si vemos algo nuevo u ocurre algo inesperado.

Podemos imaginar la corteza como un gigantesco detector de novedades. Este fenómeno es tan fuerte que incluso ocurre en pacientes anestesiados. Por ejemplo, si medimos la actividad de la corteza en un paciente anestesiado y producimos un sonido, obtenemos una respuesta en su corteza auditiva. Si lo seguimos produciendo, la respuesta cortical es cada vez más pequeña, como si se hubiese aburrido del sonido. Pero, si de repente cambia el sonido, ¡bingo! La respuesta cortical es enorme. Aunque estemos anestesiados, la corteza sigue detectando perfectamente si lo que está llegando del exterior es algo esperado o algo inesperado. Esta detección de la novedad se podría utilizar para computar en el error de la predicción de probabilidades y ajustar el cálculo de las probabilidades del que ya hemos hablado. Detectar la novedad es el mecanismo perfecto para tener el teatro de la mente a punto.

LA CORTEZA ASOCIATIVA GENERA EL PENSAMIENTO

Entonces, si lo que hace la corteza es detectar probabilidades, sobre todo de cosas inesperadas, ¿por qué tenemos tantas áreas de la corteza? ¿No nos valdría con una sola? Tenemos la servilleta bastante organizada: hay partes que tienen que ver con el procesamiento de la información sensorial, y otras, con la generación de la actividad motora. Pero la mayor parte de la corteza es lo que llamamos corteza asociativa. Esto significa que ni es sensorial ni es motora, sino que está entremedias. Entre otras palabras, es la responsable del pensamiento. El nombre de «corteza asociativa», que fue propuesto por Cajal, implica que pone en relación los estímulos sensoriales con el lado motor del cerebro. Asocia las dos cosas.

Vamos a detenernos un poco para hablar de la corteza asociativa. En los seres humanos es enorme, constituye la mayor parte de la corteza, ocupando en gran medida los lóbulos temporal, parietal y frontal; es decir, todos menos el lóbulo occipital, que se encarga de la visión. Pero podemos dividir la corteza asociativa en dos zonas: una zona ventral, que va por debajo, y otra dorsal, que va por arriba. Hemos hablado antes de estas dos corrientes de información sensorial en el cerebro, la ventral y la dorsal. La corriente ventral involucra al lóbulo temporal, es donde detectamos los objetos, tanto por sus propiedades visuales como auditivas.

LA CORTEZA TEMPORAL ES UN ARCHIVADOR DE CONCEPTOS

Este lóbulo temporal también está muy asociado al hipocampo, colocado precisamente ahí y que, como ya hemos aprendido, sirve para almacenar los recuerdos de las cosas, además de poner la marca de fábrica de dónde y cuándo ocurrieron. El lóbulo temporal también está muy vinculado con la parte emocional del cerebro, de la cual hablaremos más tarde. En los seres humanos, esta corteza temporal es enorme y está dividida en muchas zonas que todavía estamos explorando. Pero hay zonas donde aparecen conjuntos neuronales que responden a objetos muy específicos del mundo. Los pacientes que tienen la desgracia de sufrir tumores o ictus en estas zonas de la corteza tienen unos síndromes muy fascinantes que llamamos *agnosia* ('desconocimiento', en griego): dejan de reconocer objetos determinados, a pesar de que los siguen viendo.

Uno de los síndromes más famosos es la prosopagnosia, que significa en griego, 'desconocimiento de las caras'. Es decir, vemos una persona, pero no reconocemos quién es a pesar de que sea alguien muy conocido. Hay un paciente muy famoso, que fue motivo de un libro de Oliver Sacks, que no podía reconocer la cara de su mujer cuando la veía, a pesar de saber perfectamente que se encontraba frente a ella. Hay agnosias también a cosas muy particulares, por ejemplo, a los vegetales, a animales, etc. Imaginad que tenemos todas las cosas del mundo organizadas en cajones en la corteza temporal: si perdemos estos cajones, se pierden estos conceptos, a pesar de que los continuemos viendo u oyendo. Esto encaja con la idea de que la corteza extrae y abstrae información del exterior y la guarda; si desaparecen estas células, desaparecen estos conceptos de la mente, aunque la información siga llegando.

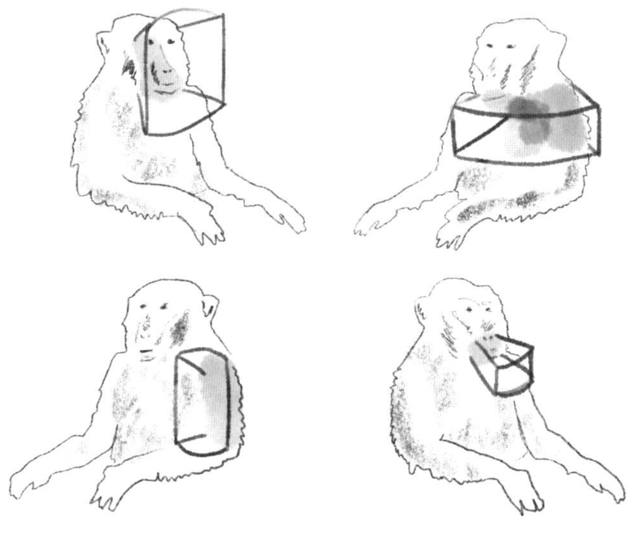

Figura 8.2. Las neuronas en la corteza parietal codifican el espacio alrededor del cuerpo.

LA CORTEZA PARIETAL MAPEA EL ESPACIO

En el lado dorsal del cerebro tenemos el lóbulo parietal, con muchas áreas corticales que, como ya hemos dicho, mapean el espacio. Sobre todo, el espacio alrededor de nuestro cuerpo, aquel que podemos tocar. Aquí, tenemos células que responden al posicionamiento de objetos en sitios determinados, y también a las cosas o sitios involucrados en los movimientos que realizamos con las manos o extremidades. Si sufrimos una lesión en estas zonas, algunos pacientes desarrollan unos síndromes muy curiosos llamados de *heminegligencia*: los objetos localizados en parte del espacio desaparecen de su mente. Por ejemplo, en algunos de estos pacientes, todos los objetos localizados en la parte izquierda del cuerpo desaparecen de la mente, aunque los sigan viendo y tocando, es como si no existieran. Si a estos pacientes les pides que hagan un dibujo de lo que tienen enfrente, solo dibujan la mitad de la imagen que están viendo. Este tipo de síndromes confirma la idea de que la realidad que percibimos está generada internamente y, si las neuronas que lo hacen se ven dañadas, esa realidad desaparece de la mente.

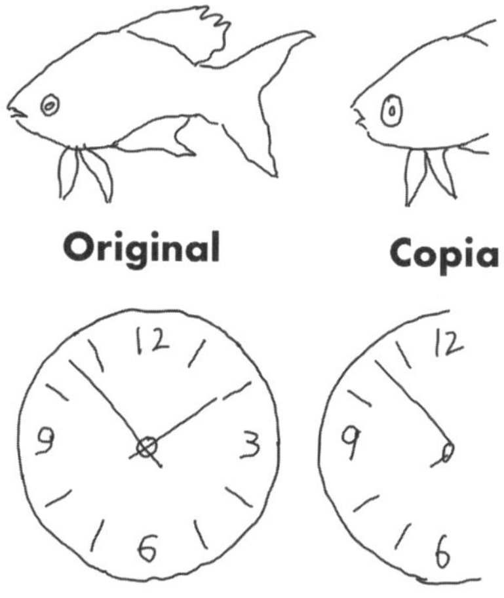

Figura 8.3. El daño en la corteza parietal lleva a ignorar parte del mundo a pesar de que continuemos percibiéndolo.

LA CORTEZA PREFRONTAL CORRIGE EL COMPORTAMIENTO

Pero la mayor parte de la corteza asociativa en los seres humanos está en el lóbulo frontal. Este lóbulo tiene una parte que llamamos corteza prefrontal, que nos distingue no solo de todos los demás mamíferos, sino también de los otros primates. Si nos comparamos con los chimpancés o los gorilas, que también tienen una gran superficie cortical, les sacamos muchísima ventaja precisamente en la corteza prefrontal. Entendemos todavía muy poco de lo que está ocurriendo en esta zona tan grande y humana de la corteza y, para averiguar para qué sirve, también dependemos mucho de los casos clínicos en que está dañada.

Hay un caso clínico bastante impactante, el de Phineas Gage, un capataz de obra del siglo XIX que, durante la construcción de una línea de ferrocarril en Estados Unidos, tuvo la mala suerte de verse afectado por una explosión de dinamita que insertó un vástago de hierro en su cerebro, entrando precisamente por la corteza prefrontal, que quedó destrozada. Pero Phineas sobrevivió al accidente y se recuperó por completo. Bueno, casi, porque, a partir del accidente, le cambió la personalidad de una manera muy interesante. Antes de la explosión, era una persona responsable, calculadora y seria, por eso era capataz; pero después del accidente se convirtió en todo lo contrario, en una persona sin control y sin ninguna inhibición, que no podía contener sus emociones o sus instintos, casi como si fuese un niño pequeño. Le despidieron de su trabajo y fue perdiendo un trabajo tras otro; acabó siendo conductor de diligencias en Chile.

De este caso clínico tan curioso y otros similares en que la corteza prefrontal quedó dañada, surgió la idea de que esta zona de la corteza sirve como una especie de controlador del comportamiento. Sería como un crítico interno que continuamente corrige y censura lo que hacemos, inhibiendo comportamientos que no son deseados y fomentando otros. Esto se llama en clínica «funciones ejecutivas», es decir, ser el jefe. No es casualidad que el trabajo inicial de Phineas fuese de capataz de obra, debía tener una buena corteza prefrontal. Que después de su lesión se comportase como un niño también tiene sentido: la corteza prefrontal es la última en desarrollarse en los humanos, con un periodo crítico que ocurre alrededor de la adolescencia. Es decir, cuando decimos que la personalidad de los niños es «infantil», con poca madurez, es porque tienen una corteza prefrontal todavía poco desarrollada.

Estas ideas sobre la corteza prefrontal sacadas de casos clínicos se han confirmado en experimentos más recientes en los que se registra la actividad neuronal. Se ha demostrado que los conjuntos neuronales de la corteza prefrontal se activan cuando tenemos que hacer valoraciones de las cosas que están ocurriendo, sobre todo si hay opciones para escoger. La corteza prefrontal está continuamente calculando, estimando el valor de hacer una cosa u otra, y se activa de una manera muy potente cuando cometemos faltas o errores. Es exactamente lo que necesitamos para decidir qué es lo que debemos hacer y corregir las otras áreas corticales, o el resto del cerebro, para que el comportamiento escogido sea beneficioso. La corteza prefrontal tiene un impacto muy grande en todo el resto de la corteza y, como digo, una influencia sobre todo negativa, como si estuviese controlando al personal. En esta corteza, también encontramos neuronas que se activan con estímulos que son importantes, pero se siguen activando a pesar de que los estímulos desaparezcan. Es como si los tuviéramos en mente, aunque ya no los tengamos delante. Son las neuronas que llamamos «de memoria de trabajo», el tipo de memoria a corto plazo que seguramente se utiliza para evaluar lo que acaba de ocurrir, algo imprescindible para, por ejemplo, mantener una conversación, leer este libro o hacer una vida normal.

Estas neuronas están involucradas también en la toma de decisiones. Si siguen disparando, llega un momento en que la persona o el animal toma una decisión respecto a ese estímulo, y en ese momento dejan de disparar, como si se nos olvidase lo que teníamos en mente, ahora que ya hemos hecho lo que teníamos que hacer. Tiene sentido que estas neuronas estén precisamente en la corteza prefrontal, que está evaluando todo lo que ocurre.

EL DESPERTAR DE LA CONCIENCIA EN LA CORTEZA ASOCIATIVA

Llegados a este punto, completamos nuestro viaje por la corteza asociativa, por los lóbulos temporal, parietal y prefrontal. Algo muy interesante de todas estas áreas es que la actividad de sus neuronas refleja también el nivel de atención del sujeto. Cuanta más atención pongamos en una cosa, más se disparan las neuronas de la corteza asociativa que son activadas por ella. Así, podemos imaginar que lo que denominamos *atención* involucra a la corteza asociativa. Todo esto tiene mucha relación con la conciencia, con la percepción de uno mismo, del yo.

Hay un experimento que me encanta de un colega francés, Stanislas Dehaene, brillantísimo, que utilizó registros y escáneres de actividad cerebral para mapear la actividad de la corteza en voluntarios durante test psicofísicos de estímulos subliminales, los estímulos sensoriales que no percibimos. Por ejemplo, si nos ponen delante un estímulo visual o auditivo muy breve, no lo percibimos conscientemente, pero, si medimos la actividad cerebral, vemos que el cerebro, la corteza cerebral visual o auditiva, sí lo ha detectado. Las únicas zonas de la corteza que se activan son las zonas sensoriales primarias, que lógicamente responden al estímulo. Dehaene y su grupo alargaron el tiempo del estímulo sensorial hasta que llegó un momento en que se empezó a percibir conscientemente: de subliminal pasó a ser detectado. Lo que se encontraron fue que, justo en ese momento, se involucra la corteza asociativa, hay una especie de tormenta de actividad cortical por todas partes. Esto ocurre justo cuando somos consciente del estímulo.

La conclusión que sacaron es que la conciencia está construida por la actividad coordinada de la corteza asociativa. Es decir que, si se involucra la corteza asociativa en el procesamiento de la información, somos conscientes de ella. Pero, si no se involucra la corteza asociativa, si el procesamiento es solo local, en áreas sensoriales de la corteza o en otras partes del sistema nervioso, entonces no somos conscientes de lo que ocurre: lo que Freud llamaba el subconsciente. Así que la corteza asociativa es igual a la conciencia, y ser consciente de las cosas nos permite también ser conscientes de nosotros mismos, del yo. De hecho, hay unas zonas del lóbulo prefrontal que se activan precisamente cuando pensamos en nosotros mismos. El daño en estas zonas, con poca actividad o actividad anormal, se asocia a síndromes psiquiátricos.

EL MISTERIO DEL SUEÑO

Vamos a acabar hablando del sueño, que es un gran misterio. Honradamente, todavía no sabemos de verdad por qué nos dormimos y para qué sirven los sueños, a pesar de que nos pasamos casi un tercio de la vida durmiendo. No solo nosotros, todos los animales. Lo que sí sabemos es que dormir es muy importante. De hecho, dormir es necesario para la vida. Si eliminamos el sueño a un animal, se acaba muriendo. Es posible que, durante el sueño, el cuerpo repare todo tipo de problemas metabólicos que han surgido durante el periodo de vigilia. En el caso del cerebro, una de las cosas que parece que ocurre cuando estamos dormidos es que se recambia el líquido cefalorraquídeo que lo irriga por dentro y se limpian las toxinas acumuladas. Esto quizá explicaría por qué dormimos, pero no por qué soñamos, o por qué los sueños tienen esas propiedades tan especiales y raras.

Nuestro amigo Francis Crick propuso que, durante el sueño, limpiamos las maneras de pensar que son parasitarias y que impiden el funcionamiento normal del cerebro. Es como si limpiásemos las telarañas mentales que hemos acumulado durante el día en el desván del modelo del mundo. Otra idea, que puede estar también muy relacionada, es que durante el sueño afianzamos en la memoria las cosas más importantes que han ocurrido durante el día. Es como pasar a limpio el borrador de nuestras experiencias. Hay bastantes datos consistentes con esta hipótesis, así como con la idea de que la consolidación de los recuerdos mejora durante ciertas fases del sueño. Pero, en fin, todavía es un gran misterio por qué soñamos, algo que nos demuestra de una manera directa y también bastante vergonzante lo poco que sabemos los neurobiólogos acerca de cómo funciona el cerebro.

En suma

La mayor parte de la corteza cerebral está compuesta de las áreas asociativas. Hemos repasado cómo la corteza asociativa recoge la actividad sensorial con el objetivo no solo de jugar mentalmente con el mundo, sino de calcular de una manera probabilística cuál es el mejor curso de acción. Precisamente, este tipo de cálculos mentales es sobresaliente en la especie humana, pues el *hardware* de nuestra corteza prefrontal para hacerlo es excepcional en el mundo animal. Los seres humanos somos posiblemente los únicos animales que nos preocupamos por el futuro de con tanta intensidad. No solo por lo que va a ocurrir en los próximos segundos, minutos u horas, sino por lo que va a ocurrirle a la especie humana, incluso cuando ya hayamos muerto y no seamos parte de ella. De toda la actividad conjunta de la corteza asociativa, también surge la consciencia, de una manera todavía misteriosa. Como aún sigue siendo misteriosa la función del sueño.

Capítulo 9

Ejecutar el plan perfecto con músculos y emociones

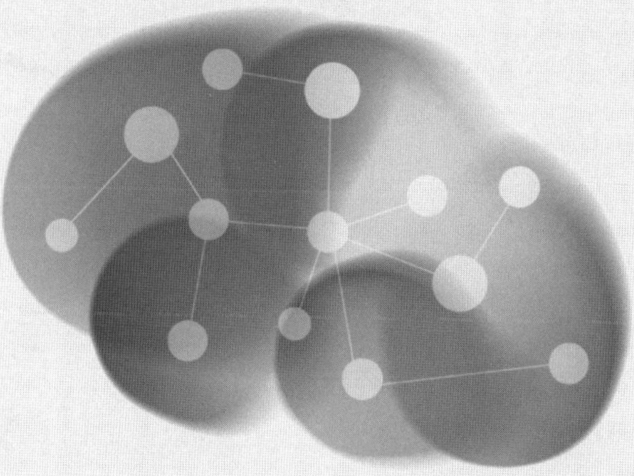

Ahora toca ponerle la guinda al pastel. Tenemos ya el modelo del mundo, entendemos cómo lo fabricamos durante el desarrollo, cómo funciona internamente y cómo lo aterrizamos en la realidad exterior con los sentidos, cómo lo utilizamos para calcular estadísticamente lo que va a ocurrir e incluso cómo lo ajustamos durante el sueño. Y todo este lío, ¿para qué? Pues para comportarnos de una manera más inteligente que el vecino, para poder ganarle en la competición por la supervivencia. La idea de que la vida es competitiva está en el núcleo de la teoría de la evolución de Darwin. Aunque no le demos mucha importancia, la competición por la supervivencia y la reproducción está detrás de cada esquina. Para ello, lo importante no es hacerlo lo mejor posible, sino mejor que el vecino. Esto lo explica muy bien el chiste de dos excursionistas que son atacados por un oso. Mientras el primero se pone a correr, el segundo se sienta para atarse bien los cordones de las botas. Y su compañero le dice: «¡No pierdas el tiempo, corre, que viene el oso!». Pero este le responde: «No tengo que correr más que el oso, solo tengo que correr más que tú». Aunque no sea lo más adecuado moralmente, ganar al vecino es el día a día de la evolución.

DONDE SE TOMAN LAS DECISIONES

Una vez que la corteza prefrontal calcula todas las probabilidades y toma la decisión de qué hacer, manda estas instrucciones a la corteza motora, que también está allí al lado, en el lóbulo frontal. En concreto, la zona que lleva la delantera se llama área premotora, y tiene unas células muy interesantes que codifican los comportamientos motores. Pero, curiosamente, disparan antes de que tomemos la decisión de actuar, como si ya supieran lo que vamos a decidir. Esto ocurre cientos de milisegundos antes de que tomemos la decisión. ¿Cómo es posible que ya lo sepan?

Es sorprendente y algo preocupante que tengamos células en el cerebro que saben lo que vamos a hacer antes de que lo sepamos nosotros mismos. La gente ha dicho que estos experimentos demuestran que el libre albedrío en realidad no existe, y que está todo predestinado por el cerebro de una manera automática, como si fuésemos marionetas. Yo creo que es absolutamente cierto que está todo predestinado o controlado por el cerebro, pero no diría que somos marionetas, sino que lo que llamamos libre albedrío, o nuestra libertad de actuar, es algo que engloba todo el procesamiento de la información y de las decisiones que toman las distintas partes del cerebro. Quiero decir que el libre albedrío es un «cajón de sastre» que esencialmente capta en una nube el desconocimiento que tenemos sobre el origen de nuestras decisiones. Nuestro cerebro es el que tiene la libertad de actuar, pero nosotros *somos* nuestro cerebro.

Posiblemente, muchas de las decisiones que se toman en el cerebro o en el sistema nervioso ocurren de una manera subconsciente, y esto entra después en la corteza asociativa, en la conciencia, y asumimos la decisión como si hubiera caído del cielo de nuestra libertad. Yo no veo ningún problema en la idea de que es el cerebro el que toma las decisiones, esto no elimina la libertad de las personas, sino que la explica científicamente. Nuestra libertad de tomar

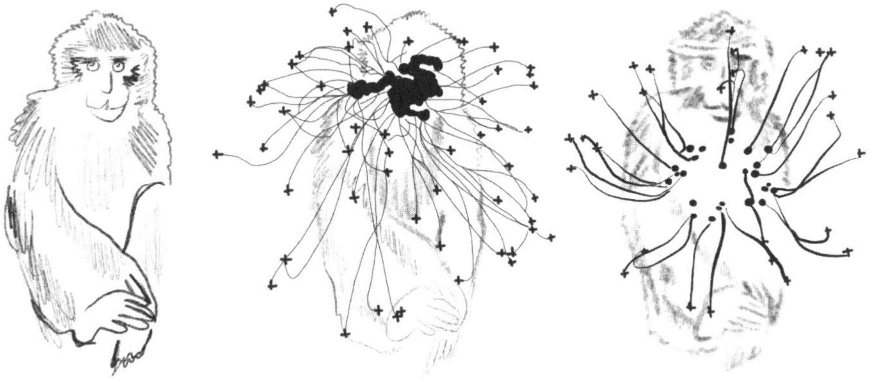

Figura 9.1. La estimulación de la corteza motora genera movimientos específicos que muchas veces tienen sentido en la vida del animal.

decisiones significa que las decisiones que tomamos con el cerebro están determinadas por la actividad cerebral, que refleja todo lo que somos, nuestro pasado y, por supuesto, nuestros intereses, nuestras ideas y nuestros planes. Pero siguen siendo nuestras.

DE LA DECISIÓN A LA ACTUACIÓN

Una vez decididas las cosas en la corteza premotora, la orden de actuar se manda a la corteza motora primaria, justo al lado, en el lóbulo frontal. Allí nos encontramos con células que generan movimientos si las estimulamos, es decir, que son responsables de mover al cuerpo. Pero los movimientos que generan son muy curiosos: más que movimientos simples, son como ideas de movimientos. En experimentos con monos, cuando estimulamos estas células, los monos realizan movimientos complejos que tienen sentido en su vida. Por ejemplo, algunas veces, al estimular la corteza motora primaria, los monos se llevan las manos y los brazos a la boca como si estuviesen intentando comer algo. Otras veces se llevan los brazos al pecho como si estuvieran defendiéndose. Y otras veces mueven los brazos de una manera alterna, como si estuvieran subiéndose a un árbol. Es fascinante y nos permite entrever el objetivo de todo el proceso motor. Así como la corteza temporal tiene una cajonera con todas las cosas del mundo, y la parietal con su ubicación, la corteza motora tiene un archivo de todas las ideas de los movimientos que podemos generar. Pero estos archivos no están llenos de tonterías, sino de cosas importantes; en este caso, los comportamientos que ayudan al animal en su vida cotidiana.

LA CORTEZA MANDA Y LA MÉDULA EJECUTA

La corteza motora primaria manda la idea y el objetivo del movimiento a la médula espinal y al bulbo raquídeo, para que se encarguen de ejecutarlos. Por cierto, el bulbo, del que no hemos hablado, es una prolongación de la médula espinal que está justo encima de ella. Es como la médula, solo que el bulbo raquídeo controla la musculatura de la cabeza, mientras que la médula controla la musculatura del resto del cuerpo. Para poner en limpio las órdenes que llegan desde arriba, de la corteza motora, tanto el bulbo como la médula tienen muchas neuronas y muchos circuitos complejos. Por lo que sabemos, estos circuitos están organizados en arcos reflejos, en los que un cierto estímulo sensorial o una orden que llegue desde la corteza motora activa un circuito interno que genera una serie de movimientos articulados por la contracción o relajamiento de muchos músculos. Estos son los famosos reflejos de los que hablábamos al comienzo del libro, como el reflejo rotular de la rodilla. Ya hemos hablado de Sherrington, que propuso que el cerebro era toda una tabla gigantesca de reflejos, en la que los músculos responden de una manera determinada a una estimulación sensorial específica.

Pues estos reflejos también están controlados desde arriba, desde la corteza motora, de manera que se coordinan en la realización de movimientos cada vez más complejos, que explican, por lo menos de una manera conceptual, el comportamiento de los animales. Así, el sistema motor es como un ejército cuyo general está en la corteza motora, o quizá en la corteza premotora, y manda las órdenes a las tropas a través de los coroneles, tenientes y capitanes del resto de la corteza motora, la médula espinal y el bulbo raquídeo.

LOS GANGLIOS BASALES SUPRIME LOS DEMÁS COMPORTAMIENTOS

Así, resulta coherente cómo el comportamiento escogido en el modelo del teatro de la mente se expresa correctamente y mueve músculos, cambia la postura y genera el comportamiento del animal. Pero, además de la corteza motora, el bulbo raquídeo y la médula, hay otras partes del cerebro que participan en la generación de comportamiento motor. Justo debajo de la corteza, hay una gran zona en el encéfalo denominada ganglios basales. Son núcleos cerebrales que reciben información de muchas partes de la corteza y la mandan de vuelta a la corteza. Son endiabladamente complicados, pero parece que lo que hacen es escoger un comportamiento en concreto mientras suprimen todos los demás. Aunque parezca una tontería, es una cosa importantísima: cuando realizamos algo, tenemos que suprimir a la vez muchos otros comportamientos. Esto tiene toda la razón del mundo desde el punto de vista evolutivo: si estamos huyendo de un león, lo último que queremos es empezar a rascarnos la tripa, aunque nos pique mucho; lo mejor es que los circuitos neuronales para rascarse la tripa estén suprimidos hasta salir con vida del asunto. En los ganglios basales entran muchas órdenes dispares de la corteza motora para realizar muchos comportamientos. Es como una competición entre todos los movimientos y comportamientos posibles. Y de todos estos, se escoge uno, que sale reforzado y dominante, y se manda de vuelta a la corteza para que se ejecute, mientras que todos los demás son bloqueados. Es decir, el cerebro funciona un poco al revés. En vez de generar un comportamiento, genera muchos, pero bloquea todos menos uno, el que más nos interesa.

Por cierto, realizar un comportamiento excluyendo otros es algo que no solo les ocurre a los seres humanos, sino también a todos los animales. Es un problema fundamental para la evolución, algo que hemos visto también en nuestras queridas hidras, los cnidarios con los que trabajamos. Esto demuestra que no solo la vida es pura competición, sino que nuestro propio cerebro también es pura competición: distintos conjuntos de neuronas, cada uno con su tema y su comportamiento, compiten entre sí. Como en la ruleta, el conjunto ganador se lo lleva todo y todos los demás pierden.

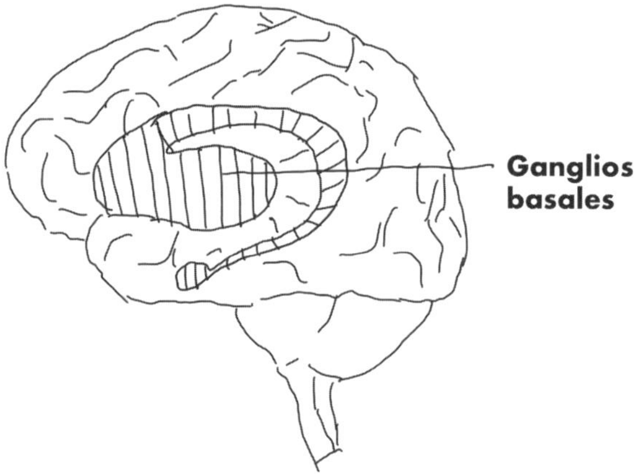

Figura 9.2. Los ganglios basales escogen un comportamiento, suprimiendo a los demás.

EL CEREBELO RETOCA EL COMPORTAMIENTO

Aparte de los ganglios basales, hay otra zona del sistema nervioso involucrada en el comportamiento motor. Es el cerebelo, acabado en *lo*, que significa 'pequeño cerebro' en latín. El cerebelo no es parte del cerebro, sino que lo tenemos en la parte de atrás del tronco del encéfalo. En el cerebelo, tenemos mapas muy detallados de músculos y movimientos. Además, recibe información de la corteza motora con los movimientos que queremos hacer, la procesa y la manda de vuelta a la corteza motora y a la médula espinal. Parece que el cerebelo tiene como función retocar el plan de acción de la corteza de una manera detallada, añadiendo precisión, como la necesaria, por ejemplo, cuando se toca el piano, se escribe o se realiza un comportamiento fino. Esto lo vemos cuando se daña el cerebelo, por ejemplo, en un accidente de tráfico, algo que ocurre con frecuencia, pues la cabeza sale disparada hacia delante, después recula hacia atrás y, al hacerlo, el cerebelo se golpea contra el cráneo. Con el cerebelo dañado tras el accidente, se tendrán problemas para realizar movimientos finos.

El cerebelo también está implicado en el equilibrio. Hablando de tráfico, antiguamente, si te paraban en un control de alcoholemia, antes de tener sensores para soplar, te hacían andar en línea recta. Poder andar en línea recta demuestra el sentido del equilibrio y así se comprueba de una manera fácil el funcionamiento del cerebelo, porque, si se tiene el cerebelo afectado, uno anda a trompicones o se cae. El cerebelo es la zona del sistema nervioso más afectada por el alcohol, tal vez porque es la que tiene más neuronas. Esto explica científicamente lo que hacían los guardias civiles en los antiguos controles de alcoholemia: medir de una manera indirecta el alcohol en sangre a través del comportamiento motor generado por el cerebelo.

Aparte de estar involucrado en movimientos precisos y en el equilibrio, el cerebelo también interviene en el aprendizaje motor, algo que damos por supuesto, no nos damos cuenta de ello porque lo tenemos ante los ojos. En todos los comportamientos que hacemos, corregimos todo el tiempo los movimientos que realizamos. Por ejemplo, cuando alargamos la mano para coger una botella de vino de cristal oscuro (ya que hablábamos de alcohol) y no sabemos cómo está de llena o lo que pesa. En el momento en que la levantamos, cambia la fuerza de los músculos del brazo de una manera muy específica para que se ajuste perfectamente al peso de la botella y no se caiga de la mano o la mandemos volando por encima del hombro. Esta computación es algo que tiene que ocurrir de una manera muy rápida y precisa; los pacientes con lesiones en el cerebelo tienen movimientos bruscos y no pueden coger objetos de una manera tan normal como el resto de los mortales.

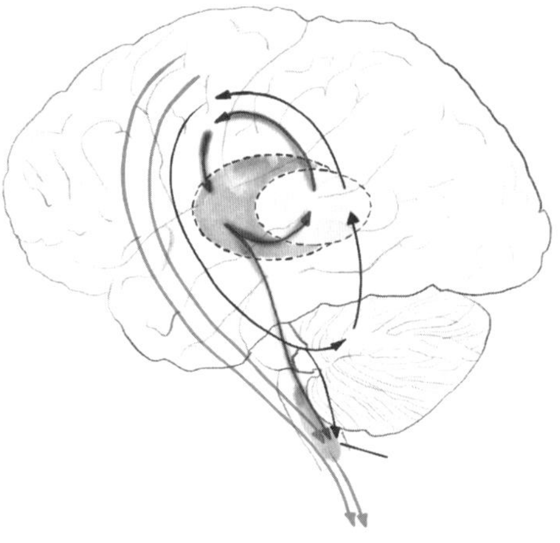

Figura 9.3. El cerebelo recibe información de la corteza y continuamente retoca el comportamiento motor.

LAS EMOCIONES CONTROLAN EL COMPORTAMIENTO

Hablando del aprendizaje, quiero retomar algo que habíamos acordado hace un par de capítulos: la posibilidad de aprender de una manera más rápida y efectiva a involucrar las emociones. Vamos a abordar, por fin, qué son las emociones. Todos conocemos de forma implícita el gusanillo interno de una emoción: el amor, la rabia, el miedo, el dolor interno, la vergüenza, la morriña, etcétera. Si nos paramos a pensar sobre lo que ocurre en un día cualquiera, nos daremos cuenta de que nuestra vida está coloreada continuamente de componentes emocionales, nos sentimos atraídos o repelidos por acontecimientos externos o internos. Es como si siempre osciláramos de un extremo a otro: nos gustan las cosas o nos disgustan. Así, vamos conduciendo el rumbo de nuestra vida, como un barco que gira a babor o estribor para llegar a buen puerto.

Pero, científicamente, ¿qué son las emociones? Son comportamientos más o menos automáticos, como los reflejos de la médula espinal, pero más complejos y de más larga duración, que involucran, por ejemplo, sudores, palpitaciones, tensión muscular, llanto, risas, gestos, gritos, susurros, etcétera. Las emociones involucran a la corteza, normalmente con juicios positivos o negativos sobre las cosas. Pero, al final del día, también son comportamientos motores, que podemos categorizar como un tipo más sofisticado de reflejos, automáticos como los demás reflejos.

EL HIPOTÁLAMO DIRIGE LA ORQUESTA HORMONAL

La estación central de las emociones en el sistema nervioso está en el hipotálamo, una parte pequeñita pero matona del cerebro, localizada, como dice su nombre, debajo del tálamo. Como ya sabemos, el tálamo es por donde entra y sale prácticamente toda la información de la corteza. Es decir que el hipotálamo está situado estraté-

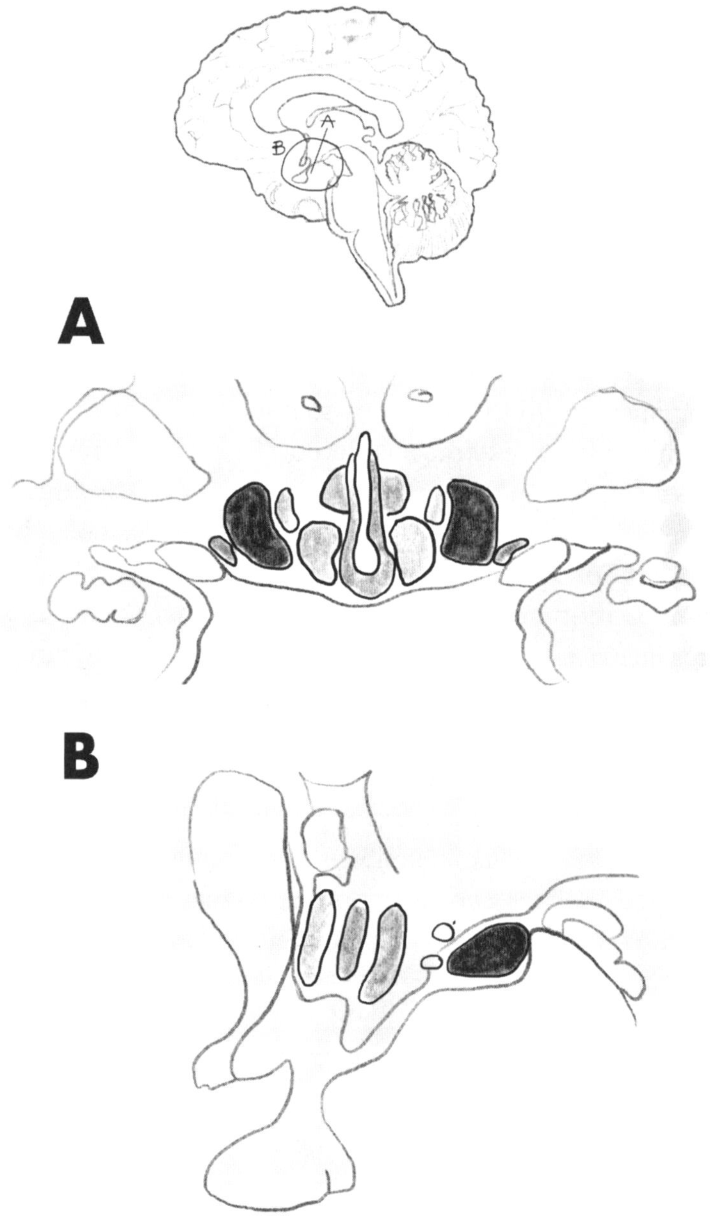

Figura 9.4. El hipotálamo tiene muchos núcleos que controlan las emociones.

gicamente para poder «leer» lo que llega a la corteza y lo que esta dice de vuelta.

El hipotálamo es bastante complicado y tiene muchos núcleos neuronales, pero hay algo común en todos ellos: secretan señales químicas que se difunden por la sangre, de manera directa o indirecta, involucrando a otras partes del sistema nervioso en este proceso. Estas señales son muchas, de todo tipo y muy sofisticadas. Algunas son señales hormonales que controlan el estado del cuerpo, de su metabolismo, de la presión arterial, etcétera. Otras controlan el estado reproductivo del cuerpo, mandando señales químicas precisas a las gónadas que controlan los ciclos menstruales, el embarazo, la lactancia, etcétera. Estas señales en general son péptidos, trozos pequeños de proteínas solubles que se difunden por la sangre llegando a todas partes, pero no tienen ningún efecto a no ser que haya células con unos receptores específicos. Con los receptores adecuados, las células hacen lo que tienen que hacer cuando reciben estas señales químicas. Es como un sistema nervioso, pero en plan químico, sin cables axonales ni conexiones sinápticas, que aprovecha como vehículo el sistema circulatorio, pues este llega absolutamente a todas las partes del sistema nervioso y del cuerpo en general. Estas señales químicas son bastante más sofisticadas de lo que pensábamos muchos neurobiólogos.

Cuando yo empecé a investigar, hace ya más de tres décadas, se pensaba que estos péptidos servían solo para «modular», modificando la actividad del sistema nervioso que tenemos bien organizado con cables axonales y conexiones sinápticas, como si fuera una computadora eléctrica. Pero nos estamos dando cuenta cada vez más de que estos péptidos, más que moduladores, sirven para organizar comportamientos bastante complejos. De hecho, si miramos la hoja de servicios de la neurobiología en los últimos cincuenta años, una hoja en la que están escritos los mayores éxitos obtenidos por los neurobiólogos descifrando las bases neuronales de los comportamientos, la mayor parte de los éxitos se deben a los neuropéptidos. Incluso en nuestro propio trabajo con la hidra, ese bichito pequeño y simple que ya conocemos, hemos descubierto que la locomoción de estos cnidarios, que es bastante gimnástica, dando volteretas en el fondo de los estanques donde viven, se debe a la secreción de un neuropéptido.

LOS PÉPTIDOS CONTROLAN COMPORTAMIENTOS SOFISTICADOS

Si avanzamos desde la última fila de la clase al primer pupitre, desde la hidra al sistema nervioso de los humanos, resulta que la oxitocina, que es también un neuropéptido hormonal secretado en el hipotálamo y que se difunde por todo el cuerpo, controla el comportamiento materno y de pareja. Si nos paramos a pensarlo, algo tan complicado como el comportamiento maternal es asombroso: involucra muchísimas partes del cuerpo y del sistema nervioso para, por ejemplo, amamantar las crías, cuidarlas, preocuparse por su futuro, discernir las interioridades de la relación con tu pareja, todas estas cosas tan complicadas que metemos dentro de la caja del amor y de la maternidad... ¡las activa un péptido! Esto se descubrió primero en los ratones de las praderas, con comportamientos maternales diferentes si tienen o no receptores para la oxitocina.

Lo que intento decir es que el asunto de los péptidos parece que va en serio y que, a pesar de que los neurobiólogos nos hemos montado la tienda describiendo el sistema nervioso como algo esencialmente eléctrico, con cables y conexiones, como si fuese una computadora, es muy posible que gran parte de la función del sistema nervioso se parezca más a un sistema químico, en el que se difunden señales específicas, cada una con un objetivo concreto, y estas señales pueden activar u organizar las neuronas con sus cables y sus sinapsis. Así que igual estamos contando la película al revés: los péptidos, en vez de ser moduladores de la actividad neuronal, po-

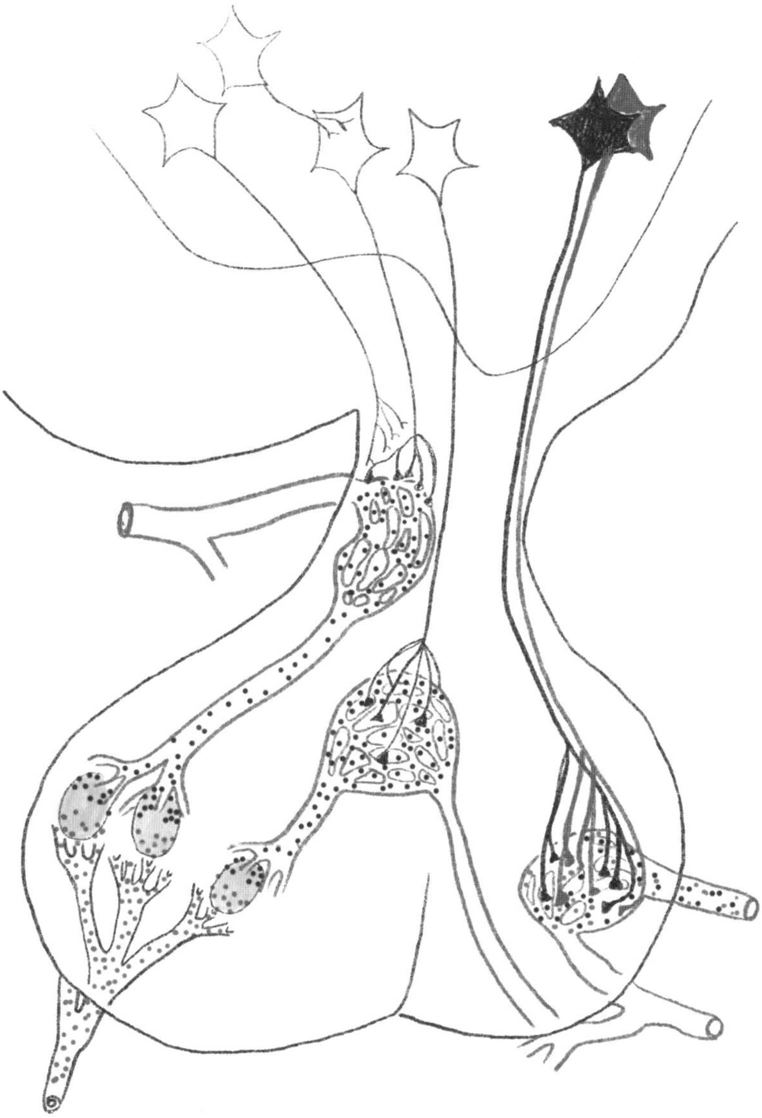

Figura 9.5. La hipófisis secreta todo tipo de hormonas.

drían acabar siendo los organizadores o directores de esta orquesta. Cada vez hay más evidencia de lo que llaman sistema nervioso químico, paralelo al eléctrico. El tiempo dirá cuánta importancia tiene. Aunque esto no cambia la historia del teatro de la mente que estoy contando, puede ser una vuelta de hoja importante.

EL SISTEMA NERVIOSO PERIFÉRICO EJECUTA LAS EMOCIONES

Durante las emociones, además del hipotálamo, se involucra a fondo el sistema nervioso periférico. En el primer capítulo hablamos de que, aparte del sistema nervioso central, tenemos un sistema nervioso periférico localizado en el resto del cuerpo, fuera del cerebro y de la médula espinal. Este sistema nervioso periférico se compone de tres partes más o menos independientes del resto del sistema nervioso. Hay una parte que son los ganglios dorsales, que ya mencionamos antes, y se ocupan de llevar información de la médula espinal; los podemos considerar esencialmente como parte de la médula. La segunda parte del sistema nervioso periférico es el sistema nervioso autónomo, y se activa a fondo durante las emociones. Este sistema es paralelo y se activa desde el sistema nervioso central, pero tiene su propio *hardware*, con neuronas, axones, sinapsis, ganglios y estaciones por todas partes del cuerpo. Es un sistema nervioso muy curioso porque está dividido en dos partes antagónicas, que intentan hacer una exactamente lo contrario de la otra.

Hay también una división que se denomina «sistema nervioso simpático», que activa muchos órganos, músculos y distintas partes del cuerpo con un objetivo central: ponerlo a punto para la batalla. Este sistema nervioso simpático se activa en situaciones de estrés, de riesgo o peligro, de huida o de lucha, y las cosas que hace tienen todo el sentido del mundo. Por ejemplo, dilata la pupila para que podamos ver mejor, paraliza la actividad digestiva o de micción porque no tenemos tiempo para tonterías cuando estamos luchando, nos eriza los pelos para que podamos sudar de una manera más eficiente, aumenta el flujo sanguíneo a los músculos para preparar el calentón muscular que lleva consigo una situación de peligro, aumenta también los latidos cardiacos y la presión arterial para llevar oxígeno a todos los músculos de una manera más eficiente, dilata los bronquios para atraer más oxígeno a los pulmones, etcétera. En general, el sistema nervioso simpático pone firmes a todas las partes del cuerpo para que contribuyan al esfuerzo común, a la batalla por la supervivencia. Pone toda la carne en el asador porque, si se pierde esta batalla, igual no hay otra.

A este sistema se le opone otro que hace exactamente lo contrario, el parasimpático. Este, por ejemplo, se activa cuando estamos descansando, cuando nos recuperamos de la paliza que nos hemos dado, y sus órdenes al cuerpo deshacen todas las que había mandado el sistema simpático. Por ejemplo, las pupilas se contraen para protegernos de la luz externa, dejamos de tener los pelos erizados para conservar el calor, bajan los latidos cardiacos, vuelven a activarse la digestión y la micción, se vuelven a contraer los bronquios, nos quedamos adormilados, etcétera. Es increíble lo antagónicos que son estos dos sistemas. Uno para luchar y otro para descansar.

De hecho, nuestra vida oscila entre estos dos polos. El sistema autónomo es la vida en plan crudo: estamos luchando o estamos descansando, se nos activa el sistema simpático o el parasimpático. Por muchas palmaditas que nos demos en la espalda pensando que somos una especie muy superior, al final del día somos animales como todos los demás y estamos dominados por estos sistemas autónomos que controlan gran parte de las cosas que ocurren en el cuerpo, disparadas por las emociones. Porque, por supuesto, la señales que encienden el sistema nervioso autónomo surgen del cerebro, precisamente en las zonas involucradas en el procesamiento de información emocional. Cuando estas señales están desajustadas, activamos el sistema nervioso simpático en situaciones de estrés en que no es necesario; por ejemplo, si perdemos el metro, pero sabemos perfectamente que habrá otro tren. Entonces pueden aparecer patologías de estrés y ansiedad. Como decía mi maestro Brenner, una gran parte de las enfermedades en la vida moderna ocurren porque activamos respuestas fisiológicas diseñadas para sobrevivir a las batallas contra los mamuts del Paleolítico, y estas respuestas exageradas, en vez de ayudarnos, nos dañan.

EL SISTEMA NERVIOSO ENTÉRICO REGULA LA DIGESTIÓN

Para acabar el recorrido por el sistema nervioso, tenemos una última cosa, la tercera parte del sistema nervioso periférico: el sistema nervioso entérico, que recubre el tubo digestivo desde el esófago hasta el colon. Este sistema nervioso está esencialmente desconectado del resto, va a su bola, como si tuviésemos dentro un organismo independiente de nosotros que hace lo que quiere. El sistema entérico controla los movimientos peristálticos del sistema digestivo para empujar las bolas de comida a través suyo, para que podamos digerirlas y excretarlas al final. También secreta montones de péptidos que se difunden por todo el cuerpo y afectan al cerebro, y, según parece, influyen mucho en el procesamiento de la información sensorial y en el comportamiento.

De mis días de medicina, me acuerdo de que muchos de los pacientes que veíamos en el hospital padecían lo que llamamos patología «somáticas», dolencias cuyo origen es desconocido. El desajuste entre el sistema nervioso entérico y el resto del sistema nervioso es, posiblemente, la razón de muchas de estas patologías. Los dolores del aparato digestivo o las alteraciones en la digestión pueden tener causas endógenas y repercuten en el resto del cuerpo y en el sistema nervioso, haciéndonos la gaita. Y viceversa, hay muchas cosas que ocurren en el cerebro y en todo el sistema nervioso central que influyen en el sistema entérico, alterando la digestión. Todos hemos tenido muchísimas experiencias personales de esto, no es ninguna novedad, pero ahora sabemos su causa.

En suma

En este capítulo hemos cerrado el círculo de cómo funciona el teatro de la mente. Lo construimos con conjuntos neuronales, armándolo poco a poco durante el desarrollo, lo almacenamos en la corteza, lo ajustamos con los sentidos, lo manipulamos mentalmente calculando el futuro con probabilidades, escogemos el mejor comportamiento entre todos los posibles y se lo pasamos a la médula espinal para que lo ejecute. A todo esto, añadimos un toque emocional para reforzar ciertos comportamientos o evitar otros. Todo un *ballet* de conjuntos neuronales que se activan entre sí por todo el sistema nervioso.

Hemos acabado el viaje. En estos nueve capítulos, dando pinceladas por aquí y por allá, espero haber pintado un cuadro más o menos coherente de cómo funciona el sistema nervioso y para qué sirve. Ha llegado el tiempo de darnos un paseo, tomarnos un café y volver al último capítulo, para hacer unas reflexiones finales.

Capítulo 10

En el umbral de un nuevo humanismo

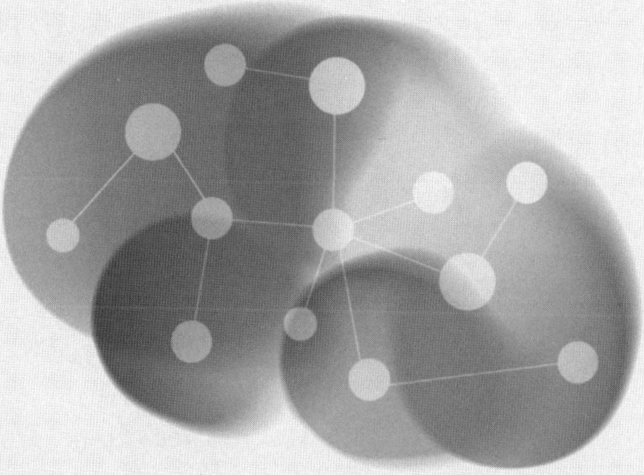

Tenemos delante de nosotros una teoría general de cómo funciona el cerebro, cómo crea ese teatro del mundo que interpretamos como la realidad exterior. Aunque esta hipótesis no está todavía demostrada al cien por cien, se empiezan a apuntalar las vigas críticas de este edificio conceptual. Ha llegado el momento de recabar las consecuencias de todo esto y extrapolar hacia el futuro. Como hemos dicho, esta teoría tiene raíces profundas en la filosofía idealista, desde Platón a Kant. La diferencia es que ahora estas ideas y estas suposiciones están fundadas en nuevos datos científicos obtenidos en laboratorios durante los últimos veinte años. Estos resultados recientes de la neurociencia demuestran que la actividad intrínseca del cerebro es muy importante, que ocurre en todos los animales y que simboliza el mundo exterior utilizando grupos de neuronas. La manipulación selectiva de estos grupos de neuronas puede hacer cambiar el comportamiento del animal de una manera consistente con la hipótesis. Se trata de experimentos que he visto yo con mis propios ojos. Y, si se puede cambiar el cerebro y hacer que haga lo que uno quiere, ya tenemos un pie en la puerta para entenderlo.

DE LA EVOLUCIÓN AL DESARROLLO

La teoría del teatro del mundo encaja perfectamente con la de la evolución, que sigue siendo la teoría general que explica toda la biología, ya que el objetivo central de este modelo del mundo es poder predecir el futuro y sobrevivir a la presión y la competición evolutiva. Si lo pensamos bien, lo que ha ocurrido en realidad es que, con la aparición del sistema nervioso, la batalla de la evolución se ha trasladado a otro terreno, ha pasado del ámbito físico al mental. En el terreno físico sobrevives si eres más fuerte o rápido, mientras que en el mental sobrevives si eres más inteligente. La manipulación mental del mundo es el nuevo campo evolutivo, creado hace setecientos millones de años, cuando surgieron los primeros sistemas nerviosos. Este nuevo ámbito ha definido la historia de la biosfera desde entonces, primero con los bilaterianos, después con los mamíferos corticales, culminando en los primates avanzados y en la especie humana.

El modelo del teatro del mundo encaja también con la manera tan peculiar del cerebro de desarrollarse, un poco al revés, eliminando las cosas que sobran durante unos periodos críticos en el desarrollo posnatal para poder ajustar estos modelos del mundo de una manera fiable a la realidad exterior. Se trata de un modelo que también explica de un modo distinto cómo aprendemos y por qué; incluso puede ayudarnos a explicar uno de los grandes misterios de la neurociencia: por qué soñamos. Todas son razones científicas para apoyar esta nueva teoría, pero también hay que ser cautos, porque estamos hablando de algo muy gordo, una teoría general del cerebro, y eso es algo que tiene que estar completamente solidificado. Nos falta todavía bastante recorrido y hay que hacer muchos experimentos que comprueben minuciosamente las predicciones de esta teoría y, sobre todo, sus posibles fallos, porque la ciencia es un proceso de creación y destrucción intelectual.

REPERCUSIONES EN LA CIENCIA Y LA MEDICINA

A pesar de que no esté todo completamente demostrado, se puede entrever entre la bruma por dónde van los tiros y cómo va a ser el futuro. De hecho, nuestro cerebro sirve precisamente para entrever el futuro, es decir, que no podemos evitar utilizarlo. Extrapolando, pronto nos damos cuenta de que una teoría general del cerebro, bien el teatro del mundo o la que sea, es algo importantísimo para nuestra especie. Porque el cerebro no es un órgano más del cuerpo, sino el órgano que genera la mente humana, con lo que esta teoría general nos proveerá por primera vez de una explicación científica de la mente. Los seres humanos nos definimos precisamente por nuestra mente, por nuestras habilidades mentales y cognitivas. Por ello nos permitiría explicarnos a nosotros mismos científicamente por dentro, algo que sucedería por primera vez en la historia. Esta explicación de qué es la mente humana y qué es un ser humano va a tener una importancia trascendental en la cultura y en la sociedad.

Entender cómo funciona nuestra mente y por qué hacemos lo que hacemos va a suponer toda una revolución en todos los aspectos de la vida humana. Evidentemente, una teoría general del cerebro tendrá un impacto científico enorme, pues entender cómo funciona el sistema nervioso es quizá el mayor desafío al que se enfrenta la ciencia moderna. Dentro de la biología, se ha hablado mucho de que el siglo XX fue el siglo de la biología molecular; seguramente el siglo XXI lo será de la neurociencia. El conocimiento del mecanismo de funcionamiento del cerebro también tendrá un impacto enorme en la medicina, ya que una gran parte de las enfermedades afectan al sistema nervioso. Se estima que, con el envejecimiento progresivo de la población, un tercio de los seres humanos sufriremos enfermedades cerebrales durante nuestra vida, enfermedades neurológicas, neurodegenerativas o psiquiátricas. Quién no conoce familiares o amigos que han sufrido de Alzheimer, Parkinson, epilepsia, esquizofrenia, ictus, esclerosis lateral, esclerosis múltiple, discapacidad mental, depresión, ansiedad, dolor crónico, etc. Como sabemos bien por estas experiencias personales, las enfermedades cerebrales son la lacra de la medicina porque apenas podemos hacer algo por estos pacientes, a pesar de los esfuerzos heroicos de nuestros compañeros neurólogos, psiquiatras y psicólogos.

Estos profesionales están luchando una batalla con las manos atadas a la espalda, porque no entendemos del todo cómo funciona el cerebro, porque los neurobiólogos no les hemos ofrecido todavía esta teoría general del cerebro, probada. Para poder curar una enfermedad, hay que entender primero el funcionamiento del órgano, lo que llamamos su fisiología. Solo entonces se puede entender la fisiopatología, es decir, cuando la función del órgano está alterada por la enfermedad. Si no se entiende la fisiopatología, no se entiende la enfermedad, y se van dando palos de ciego. En alguna ocasión, alguna enfermedad se cura sin entender la fisiopatología, pero lo normal es hacer la casa empezando por los cimientos, no por el tejado: entender primero cómo funciona el órgano, después cómo lo altera la enfermedad y por último diseñar terapias que sean curativas y que vayan a la raíz del problema. Así avanza la medicina, de una manera inexorable, con la ciencia como motor. Por ello, creo sinceramente que el desarrollo de la neurociencia y su aportación de una teoría general revolucionarán la neurología y la psiquiatría, permitiendo el diseño y la creación de terapias cada vez más eficientes para estas enfermedades cerebrales. No veo otra manera de abordar el problema médico.

REPERCUSIONES EN LA TECNOLOGÍA

Además de estas consecuencias transformadoras para la ciencia de la medicina, entender cómo funciona el cerebro va a tener una consecuencia enorme sobre la tecnología actual. Ya hemos dicho que la inteligencia artificial está basada en una idea bastante primitiva de cómo funcionan los circuitos neuronales. Prácticamente, todos los algoritmos de inteligencia artificial utilizados en la actualidad se basan en las redes neuronales profundas, que proceden de ideas de los años sesenta sobre cómo funciona el cerebro. ¡Imaginad el tipo de algoritmos que vamos a poder utilizar una vez que descifremos los que tenemos dentro de la cabeza! Es muy posible que el secreto para solucionar los grandes desafíos que la inteligencia artificial tiene por delante, por ejemplo, crear una inteligencia artificial que pueda generalizar las soluciones a distintos problemas, esté dentro de los circuitos neuronales, tanto de los humanos como de los animales. Esto no solo contribuirá de una manera tremenda a impulsar la tecnología, sino que llevará de la mano toda una revolución económica, ya que los sistemas computacionales serán todavía más potentes y se integrarán cada vez mejor en nuestro propio cuerpo y cerebro.

Este intercambio de ideas entre la neurociencia y la tecnología será bidireccional. La creación de interfaces cerebro-máquina, es decir, dispositivos que conecten el cerebro con ordenadores o servidores externos, seguramente llevará al aumento y la mejora de nuestras habilidades cognitivas y mentales. El acceso a toda la información de internet de una manera más o menos automática y su incorporación a nuestro procesamiento mental nos permitirán explorar mentalmente el mundo de una manera más efectiva, siempre que podamos canalizar bien todo el tsunami de información. Lo mismo se puede decir sobre la utilización de bancos de memorias externos, o de algoritmos y servidores externos, que nos permitan realizar cálculos complejos y solucionar fácilmente problemas de optimización computacional. Todo esto llevará a utilizar inteligencia artificial dentro de nuestro propio cerebro. No seremos sobrepasados por la IA, sino que la usaremos para aumentar nuestra mente. Estamos ante una nueva era, con un ser humano aumentado cognitivamente. Igual que en nuestra historia como especie, desde el fuego, hemos inventado cosas para mejorar físicamente, ahora nos llegará la hora de aumentarnos mentalmente. Esto tiene una trascendencia fundamental para nuestra especie, resulta difícil menospreciarlo.

REPERCUSIONES EN LA SOCIEDAD

La comprensión del funcionamiento del cerebro tendrá consecuencias directas en el diseño de nuevas estrategias educativas. Si reflexionamos un poco, educamos a los niños más o menos de la misma manera que fuimos educados nosotros, heredando muy posiblemente los prejuicios de generaciones anteriores sobre cómo es la mejor manera de enseñar las cosas. Pero estas estrategias pueden ser acertadas o no, y todos tenemos experiencias personales de casos desastrosos. La educación no es algo baladí: pasamos una gran parte de la vida en instituciones educativas, con un coste enorme para la sociedad y la persona.

Sin embargo, una vez que hayamos entendido cómo aprende el cerebro de verdad, por dentro, es evidente que algunas de las estrategias educativas que utilizamos hoy se nos caerán de las manos y surgirán otras nuevas estrategias en las que no habíamos pensado. Creo que los seres humanos tenemos que ser muy humildes con respecto a nuestro conocimiento de la naturaleza, empezando por el conocimiento de nosotros mismos. No me extrañaría que hubiese mejores formas de hacer las cosas en la vida, sobre todo en el ámbito educativo.

En esta dirección, es posible que también podamos lograr utilizar nuestras capacidades mentales de una manera más efectiva una vez que entendamos cómo funciona el cerebro. Por ejemplo, evitar caer en bucles de pensamiento, porque entenderemos perfectamente lo que ocurre y podremos solucionarlo. Esto tiene mucha relación con otro ámbito que sin duda va a cambiar, también para mejor: el del derecho y las leyes. Las sociedades modernas se rigen por unas leyes basadas en conceptos también heredados de generaciones pasadas, muchas veces incluso desde los romanos, como el concepto de libertad e independencia a la hora de tomar decisiones, de responsabilidad individual, de culpa... Estos son conceptos que pueden tener o no una base biológica o científica detrás. Si hay comportamientos que no encajan con la norma de la sociedad, quizá haya mejores formas, o más humanas, de solucionar el problema que encerrar a la gente problemática entre cuatro paredes, incluso ejecutarla. Imagino que en el futuro se estudiarán los cerebros de las personas que realizan actos delictivos y se las tratará más como pacientes que como criminales. Y, por qué no, posiblemente habrá terapias que puedan eliminar o aliviar los síntomas, las conductas agresivas o criminales, con el consecuente beneficio para la vida de la persona afectada y de las que sufren a su alrededor las consecuencias de ese cerebro desbocado o patológico.

UNA NUEVA CULTURA HUMANÍSTICA

Hemos cubierto los beneficios que puede aportar una teoría general del cerebro a la ciencia, la medicina, la tecnología, la economía, la educación y las leyes. Conjuntamente, sin duda, todo esto llevará también a grandes beneficios en la organización política de la sociedad. Valga un ejemplo personal: según mi humilde experiencia en el planeta Tierra, el 90 por ciento de los conflictos se deben a malentendidos entre la gente, y una de las cosas que vamos a poder entender y mejorar es la comunicación: comprender cómo se generan estos malentendidos y cómo evitarlos. Imaginad cuando tengamos maneras más eficientes y fiables de comunicarnos y poder transmitir la información de un cerebro a otro, evitando o reduciendo los malentendidos. Es evidente que todo esto tendrá grandes beneficios en la organización de las sociedades. No soy politólogo y esta idea quizá peque de ingenua, pero no me extrañaría que las reglas de juego de la sociedad democrática moderna puedan mejorar o retocarse una vez que entendamos cómo piensan las piezas críticas de estas sociedades democráticas, que son los ciudadanos, cómo funciona su proceso mental y su toma de decisiones.

En fin, creo que estamos en los albores de un nuevo renacimiento, al entender cómo funciona el cerebro. Precisamente durante el Renacimiento, la humanidad se dio cuenta de que el ser humano no es el centro del universo, que somos un animal más en un planeta más, en un sistema solar perdido en una esquina de la galaxia. Este baño de humildad, en vez de hundirnos en la depresión y la miseria, supuso una revolución social en todos los aspectos: en ciencia, medicina, humanidades, arte, literatura, en la sociedad, los sistemas políticos, etc. Fue un salto hacia delante y se puede decir que estamos todavía viviendo a rebufo del Renacimiento en muchas de las instituciones de la sociedad moderna, con sus manifestaciones culturales, sus profesiones y sus sistemas políticos. Todo está prácticamente anclado en esta manera de pensar que surgió durante el Renacimiento.

Imaginad entonces si, además de entender que no somos el centro del mundo, y más importante todavía, podemos comprender finalmente quiénes somos por dentro. Hasta ahora siempre hemos pensado que las personas son una especie de caja negra de la que salen todo tipo de actividades, tanto creativas como destructivas. Pero entender cómo surgen estas decisiones y explicar el comportamiento del ser humano nos podría llevar a un nuevo humanismo. Por qué no, este nuevo humanismo llevará también de la mano un gran impulso para la humanidad, su ciencia, medicina, tecnología, economía, arte, literatura, sistemas políticos, etc. Despejaremos algunas de las telarañas del hogar de las generaciones anteriores, remozaremos el edifico común de nuestra cultura y nos proyectaremos hacia el futuro. No se solucionarán todos los problemas del mundo, pero será un paso histórico. Espero, con entusiasmo, verlo muy pronto.

Glosario de términos

Amnesia: condición patológica de pérdida de memoria.

Astrocitos: células gliales que recubren las sinapsis de las neuronas.

Atractor: estado de actividad estable de una red neuronal.

Axón: segmento de la neurona que sirve para conectarla con otras neuronas.

Bilaterianos: animales con simetría bilateral.

Bulbo raquídeo: segmento del encéfalo que controla muchas funciones básicas del cuerpo.

Canales iónicos: proteínas en la membrana de las neuronas que permiten que los iones entren y salgan de ellas.

Células de lugar: neuronas en el hipocampo que codifican la posición del animal en el espacio.

Cerebelo: parte del encéfalo que regula los movimientos y el equilibrio.

Cerebro: parte principal del sistema nervioso central, localizada en el cráneo.

Cnidarios: animales con simetría radial y células urticantes.

Compleción: activación conjunta de un grupo de neuronas resultante de activar solo una de ellas.

Conjuntos neuronales: grupo de neuronas que se activan conjuntamente.

Cono axonal: parte terminal del axón de una neurona durante el desarrollo, que sirve para buscar las neuronas adecuadas para conectarse.

Corteza cerebral: parte principal de cerebro, en la que se genera toda la actividad cognitiva.

Dendritas: segmentos de las neuronas que reciben los contactos sinápticos de otras neuronas.

Encéfalo: parte superior del sistema nervioso central que contiene el cerebro, el cerebelo y el bulbo raquídeo.

Espinas dendríticas: protuberancias que cubren la superficie de las dendritas y que forman las sinapsis.

Feedback: la retroalimentación de una señal al sistema que la generó.

Fisiopatología: función anormal de un órgano del cuerpo.

Ganglios basales: grupo de núcleos neuronales que se hallan en la base del cerebro y sirven para activar el movimiento deseado.

Glía: células del sistema nervioso que se asocian con las neuronas.

Golgi (método): tinción histológica que tiñe las neuronas individualmente y sirvió para visualizar sus morfologías.

Hemineglicencia: síndrome neurológico en que el paciente ignora la mitad del espacio en donde se encuentra.

Hipocampo: parte del cerebro, localizada debajo de la corteza, que sirve para el almacenamiento de memorias.

Hipófisis: glándula localizada en la base del encéfalo que secreta hormonas en la sangre.

Hipotálamo: parte del cerebro que genera multitud de hormonas y péptidos y coordina respuestas endocrinas.

Interneuronas: neuronas, en general inhibitorias, que no tienen proyecciones axonales fuera de la zona donde se encuentran.

Navegación axonal: proceso durante el desarrollo por el que los axones de las neuronas cruzan el sistema nervioso embrionario para encontrar el lugar donde conectarse.

Neurogénesis: proceso de generación de neuronas durante el desarrollo.

Neuromodulador: moléculas que se liberan por todo el sistema nervioso y alteran la actividad de los circuitos neuronales.

Neuronas: células principales del sistema nervioso, dotadas de dendritas y axones con sinapsis, que generan potenciales de acción.

Neuropéptidos: pequeños péptidos que sirven para activar o inactivar las neuronas.

Neurotrasmisores: moléculas que sirven para activar o inactivar las neuronas.

Neurotrofina: molécula liberada por las neuronas durante el desarrollo que permite la supervivencia de las neuronas que se conectan con ella.

Oligodendrocitos: células gliales que recubren los axones de las neuronas.

Oxitocina: hormona que se libera en la hipófisis y controla el comportamiento materno.

Péptidos: conjunto de aminoácidos ensamblados entre sí.

Perceptrón: red neuronal en la que la actividad se propaga por capas de una manera secuencial.

Pituitaria (glándula): hipófisis.

Potencial de acción: descarga eléctrica de la neurona de milisegundos de duración y cien milivoltios de intensidad que se propaga rápidamente por todas las partes de la neurona.

Prosopagnosia: síndrome neurológico en que el paciente no reconoce las caras de las personas.

Receptores sinápticos: proteínas de membrana que se activan cuando se unen a ellas los neurotransmisores.

Red neuronal: modelo matemático de un circuito neuronal, en el que las neuronas están conectadas entre sí.

Retina: parte del sistema nervioso localizada en el ojo, que recibe la información visual.

Sinapsis: estructura formada por las terminales de los axones y las espinas dendríticas que sirve para conectar químicamente las neuronas.

Sistema nervioso entérico: parte del sistema nervioso localizada en el tubo digestivo.

Sistema nervioso periférico: parte del sistema nervioso localizada fuera del cráneo y la columna vertebral, que recibe y transmite información a todo el cuerpo.

Sistema parasimpático: parte del sistema nervioso periférico que se activa en situación de reposo y de recuperación.

Sistema simpático: parte del sistema nervioso periférico que se activa en situaciones de estrés y actividad física.

Sistema somatosensorial: parte del sistema nervioso que recibe, transmite y procesa la información táctil y dolorosa.

Sistema visual: parte del sistema nervioso que recibe, transmite y procesa la información visual.

Tálamo: parte del cerebro que transmite la información sensorial a la corteza.

Terminales presinápticas: parte terminal del axón que se conecta con las espinas dendríticas, formando la sinapsis.

Tubo neural: primordio inicial del cual se desarrollan todas las partes del sistema nervioso.

Bibliografía

Crick, Francis, *What Mad Pursuit: A Personal View of Scientific Discovery,* Basic Books, 1988 (trad. cast.: *Qué loco propósito,* Tusquets Editores, Barcelona, 1989).

Crick, Francis, *Astonishing Hypothesis: The Scientific Search for the Soul,* Scribner, 1994 (trad. cast.: *La búsqueda científica del alma: una revolucionaria hipótesis para el siglo* XXI, Debate, Madrid, 1994).

Ignotofsky, Rachel, *Women in Science: 50 Fearless Pioneers Who Changed the World,* Penguin, 2016 (trad. cast.: *Mujeres de ciencia: 50 intrépidas pioneras que cambiaron el mundo,* Nórdica Libros, Madrid, 2018).

Kandel, Eric, *et al., Principles of Neural Science,* 6.ª ed., McGraw Hill, 2021.

Levi-Montalcini, Rita, *In Praise of Imperfection,* Basic Books, 1989 (trad. cast.: *Elogio de la imperfección,* Tusquets Editores, Barcelona, 2011).

Purves, Dale, *et al., Neuroscience,* Sinauer, 2023.

Ramon y Cajal, Santiago, *Recuerdos de mi vida,* Alianza Editorial, Madrid, 1923.

Ramon y Cajal, Santiago, *Reglas y consejos sobre investigación científica: los tónicos de la voluntad,* Austral, Barcelona, 2011.

Sacks, Oliver, *The Man Who Mistook His Wife for a Hat and Other Clinical Tales,* Summit Books, 1985 (trad. cast.: *El hombre que confundió a su mujer con un sombrero,* Anagrama, Barcelona, 2008).

Yuste, Rafael, *Lectures in Neuroscience,* Columbia University Press, 2023 (trad. cast.: de próxima publicación en Paidós).

Zimmer, Carl, *Life's Edge: The Search for What It Means to Be Alive,* Dutton, 2022.

Índice onomástico y analítico

Impreso en España